楽しく挑戦 就職活動

受講から就職面接の受け方，内定，職業人の心得まで

河田 美惠子
森田 育代　著

学文社

はじめに

　21世紀は変化の時代と言われ，とりわけ企業を取り巻く環境は雇用の流動化が進み，採用日程は早期化されています。学生を取り巻く就業環境は年々厳しくなっております。

　このような環境の中で，大学では社会のニーズに応える人材育成を目指し，社会人として求められる資質をもった学生を輩出することが責務となっています。各大学では学生の職業意識を高めるため，就職ガイダンスを早め，頻繁に行うなど，様々な取り組みがなされています。

　職業人として求められる人材であるための要件は2点あります。1点目は将来の目標に向かって体系的な教育を受け専門性を高め，必要な資格取得に励み学業に専念することです。2点目は学びを通して豊かな人間性を高めていくことです。

　特に最近の採用試験の基準として人物が重視され，筆記試験とともに面接試験にもウエイトが置かれています。

　本書は学生が就職活動を開始するに当たり，自分に最も適した仕事をみつけ，志望する企業に入社するために，受講のマナー，仕事をする意義，面接の受け方，内定後の企業との対応，新入社員として勤務を始める際のアドバイスなどを網羅し，楽しく就職活動に臨んでいただけるように纏めたものです。

　受講のマナーは間接的に就職活動につながります。マナーは身体で覚え自然に振る舞えることが望まれます。就職活動の間際になって一朝一夕に身につくものではありません。早い時期に身につけていくことが肝要です。入学時から将来の目標，目的を意識して，学生生活を有意義に送ることにより，職業意識は十分に身につくものと考えます。

　大切なのは個々人の意欲と行動力です。本書を常に身近に置き，就職活動の標（しるべ）として役立てていただきたいと願っております。

　最後に編集に当たられた稲葉由紀子様の労に謝意を表します。

　2009年4月

著　者

楽しく挑戦 就職活動・目次

I 学生生活の基本の心得

1. 入学から就職活動までの心得 ——————————————— 8
   1 あいさつ　　　　　　8　　2 お辞儀　　　　　　8
   3 教室での心得　　　　　　　　　　　　　　　　　11
2. 社会人としての言葉遣い ——————————————— 16
   1 正しい敬語の使い方　16　　2 目的別日常会話例　18
   3 覚えておきたい言葉遣い　19　　4 効果的な接遇表現　19
   5 使っていませんか，おかしい言葉遣い　　　　　　21
3. Eメール・携帯メールと電話のマナー ——————————— 22
   1 Eメール・携帯メールのマナー　　　　　　　　　22
   2 電話のマナー　　　　　　　　　　　　　　　　　25
4. 日常の立ち居振舞いの留意点 ————————————— 27
   1 入　室　　　　　　　27　　2 退　出　　　　　　30

II 就職活動のための心構え

1. 人生の三つの節目 ——————————————————— 32
2. 人はなぜ仕事をするのか ———————————————— 33
3. 生き方の可能性を考えて仕事を選ぶ ——————————— 34
4. どのような雇用形態で働くのか ————————————— 35
5. 採用の現状とキャリアプラン —————————————— 36
6. 就職活動を始める前の心構え —————————————— 37
7. 企業が求める人材，求められる人となるには ———————— 38
   1 企業が求める人材　　　　　　　　　　　　　　　38
   2 企業が採用で重視する5つの能力と社会人基礎力　38
8. 就職活動のはじめに —————————————————— 40
   1 就職ノート作成　　　　　　　　　　　　　　　　40

2　就職活動の流れとチェックポイント　　　　　40
9　就職面接のマナーと自己PR ─────────────────65
　　　1　自分の言葉で自分の魅力を語ることが求められる　　65
　　　2　第一印象を決めるポイント：外面・内面　　　　　　65
　　　3　面接の流れと留意点　　66　　4　面接で「あがらない」ために　68
　　　5　よく聞かれる質問例とヒント　69　　6　就職活動のまとめと心構え　70

Ⅲ　就職活動後の心得

1　企業とのコミュニケーション ─────────────────74
　　　1　内定承諾書の送付　　　　74　　2　企業からの電話応対　　　76
　　　3　内定を断る際の文書　　　76　　4　研修，案内等の返信　　　78
　　　5　入社までの準備　　　　　80

Ⅳ　職業人の心得

1　職業人の心構え（1）─────────────────────82
　　　1　就業時間とあいさつ　　　82　　2　先輩への敬いの心を忘れずに　82
　　　3　社員の呼称　　　　　　　83　　4　ミス（失敗）について　　83
　　　5　叱られることは「見込みがある」と判断　感謝して受けよう　　83
　　　6　職業人としての自覚　　　84
2　職業人の心構え（2）─────────────────────85
　　　1　公私のけじめの大切さ　　85　　2　気持ちの切り替えを上手に　85
　　　3　人間関係　　　　　　　　85　　4　情報の守秘義務　　　　　87
　　　5　時間感覚を身につける　　88　　6　継続は力なり　　　　　　88
　　　7　心身の健康管理　　　　　89

資　料
就活月間予定表　　　就職活動メモ　　　受験報告書　　　フリーメモ
就職登録カード　　　就職内定報告書　　職種別分類
資格の名称一覧

I　学生生活の基本の心得

1　入学から就職活動までの心得

1　あいさつ

「あいさつ」とは相手を敬い，大切に思い，自分を慎む気持ちを言葉や動作に表したものです。「おはようございます」，「こんにちは」，「こんばんは」などの言葉を交わしお辞儀をすることは相手を認め，自分も相手から認められていることが実感できる心温まる動作です。最近の若い人の中には一日のどの時間帯でも「おはよう」とあいさつしますが，日本には朝は「おはようございます」，昼は「こんにちは」，夕刻から夜は「こんばんは」という朝昼晩の時間を意識した適切な言葉があります。時間帯により適宜言葉を使い分けましょう。

大学で友人やクラスメイト，教員，職員とそれぞれにふさわしいあいさつを交わすことは気持ちのよいものです。学生と教員では上下関係が存在します。教員には敬意を込めたあいさつをします。「おはよう」ではなく「おはようございます」と言います。また大学においては教務関係の職員や大学構内の掃除や警備を担当している職員にもお世話になっていますから，友人同士のあいさつと区別し「おはようございます」と丁寧にあいさつを交わします。言葉でのあいさつ，敬語の使い方は 2 で述べていますのでそれらを参考にしてください（16ページ）。

2　お辞儀

面接試験を受け内定を貰った学生が面接官から次のように言われたそうです。「最近はきれいなお辞儀をする人を見かけなくなった。しかしあなたはきれいなお辞儀をしますね。」面接前にお辞儀の特訓を受けたその学生は嬉しかったそうです。そして「これからは日常生活の中でもきれいなお辞儀を心掛ける」と話していました。面接官に好まれたきれいなお辞儀とはどのようなものだったのでしょうか。学生時代に，好感を持たれるお辞儀をマスターし，面接時，そして職業人になるときに慌てないように準備していきましょう。

お辞儀をするということは人間にとって最も大事な頭部と上体を相手の前に

突き出すという動作です。最初は相手の顔を見ますが，その後上体を前傾させると視線は床の上に注がれます。相手も同様にお辞儀をしているのか，横を向いているのか自分には見えません。相手が自分のお辞儀を受け入れていると信じなければ，このような動作はできません。同様に自分が信頼されているから相手も頭部を突き出すことができるのです。そこにはお互いの厚い信頼関係が存在しています。日本人の交わすお辞儀は人間関係の基礎を成す行為であると考えられます。

お辞儀は相手に対するあなたの心を表すバロメータです。頭部を含む上体を前傾するその深さで慎みの心，篤い歓迎の心，深い感謝の心，お詫びの心など様々な心を表すことができます。その場にふさわしい正確なお辞儀で自分の心を相手に伝えることが大事です。

(1) 会　釈

相手に対して，①慎みの心を表すとき，②軽く敬意を表すとき，③人前を横切るとき，④会議中にお茶を出すときなどに浅く体を前傾するお辞儀です。軽く前傾姿勢をとり，目線は2mほど先に置きます。両手は腿の上に置きます。

会釈する際の例

① 賞状を授与される場合，「あなたは…によりここに表彰いたします」と授与者が読み上げている間，相手の正面を見るのではなく，慎みの心を持って会釈の形でそれを聞くようにします。卒業式における卒業証書を授与される場合も同じです。

② 廊下で来客とすれ違うときに，会釈で軽く敬意を表します。深い礼をされると来客は返礼をしなくてはならず，すれ違う全員に丁寧な礼はできません。そこで軽く会釈するのです。

③ 来客や人の前を通り過ぎるときに，「前を失礼いたします」という謙虚な気持ちを表すときに会釈します。

④ 会議中にお茶を出す場合，議論が白熱しているときに丁寧なお辞儀をしてお茶を出すと集中力が妨げられ却ってその場の雰囲気を乱します。そのような場面では軽く会釈してお茶を出し，速やかに退室することが礼儀に

適っています。

(2) 浅い敬礼

来客に「いらっしゃいませ」,「お待ち申し上げておりました」,「おはようございます」,「ありがとうございました」,「行ってらっしゃいませ」,「お気をつけて」などのあいさつに「浅い敬礼」をします。日常生活で最も多く使われるお辞儀です。

両手の指先が腿と膝頭の間にくるように頭と上体を前傾します。目線は1mほど先に置きます。上体は会釈と深い敬礼の間ぐらいの角度になります。

気をつけたいのは両手の指をつけてお辞儀をします。男性で両手の指と指の間が開いたままでお辞儀をする人を見かけますが,心のこもったお辞儀をするのに気持ちが引き締まっていない印象を受けます。隙間のある指の扱いは心の隙間と連動していると考えられますので注意しましょう。

(3) 深い敬礼

改まったあいさつをするときは,大切な取引先の人とのあいさつ,失礼を詫びるとき,深く感謝の心を表すときなどに「深い敬礼」をします。「このたびは大変お世話になりありがとうございました」,「長らくお待たせいたしまして

会釈　　浅い礼　　深い礼

申し訳ございませんでした」,「過分なご配慮をいただきありがとうございました」など様々な場面に使います。

　このお辞儀は両手の指先が膝頭に付くぐらいに上体を前傾し，目線は50cmほど先に置きます。

　以上3種類のお辞儀を個々の場合や状況において使い分けできるように練習が必要です。大事なことは頭部，上体と腰が一直線に前傾することです。この動作は口頭で説明を受けてもすぐには実行できない難しさがあります。体で覚えることが肝心です。

(4)　お辞儀のテンポ

　お辞儀を互いに交わす場合，相手とお辞儀のテンポがあっていますか。お辞儀のスピードが速いと目につきます。お辞儀とは頭を下げればすべて心は伝わると思っていませんか。丁寧すぎるのも問題ですが，速すぎると，がさつな荒っぽいお辞儀にとられます。それではどのくらいのテンポが相手に心が伝わるのでしょうか。

　まず前傾するときに息を吸います。正しい位置で体が止まると息を止め，吐き出します。そしてまた息を吸いながら体を元に戻します。この「吸う，吐く，吸う」の3動作がリズミカルに行われると側から見ていても美しいお辞儀となり，相手とお辞儀のテンポが揃います。

3　教室での心得

(1)　入退室，途中退室，椅子の扱い

　教室は学生が教員から授業を受ける神聖な場です。私語や居眠りをする場所ではありません。教室へは静かに入り，授業と授業以外の行動とのけじめをつけます。周りの人に配慮し，授業が始まれば集中することは勿論，教員に礼を尽くしてコミュニケーションを図ります。

　途中で退室することが事前にわかっている場合は，授業が始まる前に教員に理由を述べ，退室することを伝えます。退室は教室の後方のドアのところで教員に会釈し，静かに出ます。ドアを乱暴に閉めることのないよう，最後までドアのノブを持って閉めます。

授業中に止むを得ぬ事情で中座する場合は，静かに手を上げ，教員に理由を述べて席を立ちます。教室の後方のドアから出て静かにドアを閉めます。再度入室する場合，後方のドアから静かに入り，会釈して自分の席に戻ります。
　遅刻した場合も同様です。真剣に授業を受けているクラスメイトに迷惑をかけないよう注意します。
　椅子と机は一対です。授業が終わり退室する場合，自分の座った椅子は必ず机の中に戻します。それは次の人への配慮です。机の中の私物は忘れず持ち帰りましょう。忘れ物が戻ってこない場合は忘れた人の自己責任も問われます。お互い気持ちよく教室を使うための他者への気くばりが大切です。

(2)　かばんの取扱い

　自分のかばんは足元に置き，通路や机上には置きません。机の上は授業に必要なものだけ置きます。
　かばんの口は閉じておきます。かばんの口が開き，中がすっかり見えていることがあります。そのようなかばんの持ち主に限ってかばんの中は整理されてなく乱雑に物が入っています。持ち主の性格が映し出されているようです。
　また他人のかばんを跨ぐ人がいますが，かばんは跨ぐものではありません。他人のかばんを跨ぐつもりでかばんにつまずくと，かばんの上や床に倒れることがあります。他人のかばんを脇へ寄せて通る心のゆとりを持ちましょう。

1　入学から就職活動までの心得　13

(3)　服装，帽子，履物，サングラス，携帯電話等

　服装は清潔で学生にふさわしい装いで授業に臨みたいものです。華美な，またフォーマルな服装は授業には不要です。反対にスゥエットの家庭着，ジャージの運動着，リゾート地で着用する肌を大きく露出したものや，極端なミニスカートなどの服装は教員に失礼です。室内では脱帽が基本で，頭部の病気や特別な事情のある人以外は，防寒用の帽子，日よけの縁の広い帽子も室内では不要です。女性の髪飾りにあたる帽子は室内で着用が許されていますが，教室においては不要です。教室ではサングラスも日よけ用ですから使用しません。

　冬季に授業中にマフラーをしている学生を見かけます。マフラーは室外で着用する防寒用の襟巻きです。したがって教室では不要です。スカーフはファッションの一つで首の周りに巻く絹などの薄地の布です。マフラーとスカーフには区別があります。

　履物のなかで女性のミュールは西洋では寝室用です。ヒールの高いくつは歩行時にコツコツと音がします。不用意に大きな音を発するハイヒールも受講にはふさわしくありません。

　携帯電話を持ち歩くことが当たり前になっているといっても過言ではない時

代になっています。授業中も電源を入れている学生が多々見受けられます。授業中は携帯電話の使用は禁止です。授業中の携帯電話の受信音は他学生の集中力を阻害させ，迷惑となります。電車の中の携帯電話の使用禁止と同様です。

携帯メールも同様です。マナーモードにしてもメールが入るとすぐに見たくなるのが人間の常です。したがって特別の事情がない限り授業中は携帯電話の電源を切るのが基本マナーです。

(4) 女性の化粧

最近乗物の中で化粧をする女性を見かけるようになりました。授業中に鏡を取り出す学生もたまに見かけます。本来化粧はプライベートな作業で公衆の面前でするものではありません。「化粧」とは「化ける」という字と「粧す(めかす)」という字で成り立っています。人間が美しく化けるのですから，ひそかに化けましょう。他人に化ける過程を見せる必要はありません。女性の羞恥心の欠落といえます。

公衆の面前で化粧をすることは他人に迷惑をかけていないと思うかもしれませんが，十分迷惑をかけています。化粧品の匂いが嫌いな人もいます。パウダーが隣りの人に飛ぶかもしれません。人が化けるのを見たくない人もいます。他人が自宅ですべきことを自分の隣りの席でされると目障りで，煩わしく感じるものです。

作家の田辺聖子氏は『おせい＆カモカの昭和愛惜』(文春新書)の中で次のように述べています。

> 清少納言は『枕草子』の中で「心ときめきするもの」の一つに，「唐鏡の少しくらき見たる」をあげている。(中略) お化粧は決して，そそくさと事務的にしてはダメ。また自分自身との対話だから余人をまじえてはダメ。本来，お化粧をするときは「耳に悪声をきかず」——怒り声や悪口を耳にせず，勿論自分でも「口に悪言を吐かず」，鏡台には一輪でもいい，花を飾り (中略) 美しいことだけを思う，精神性の強い作業。お化粧は，自分を大事にする作業である。個人の (美しき秘めごと) である。そして自分を護(まも)るもの。しかし公衆の面前で化粧をしては自分を護りにくい (『なにわの夕なぎ』朝日文庫所収，同上書，75ページ)。

化粧とはプライベートなもので化粧の経過を人に見せるものではないことを是非知ってください。

(5) **私語を慎む**

授業中の私語は禁止です。人の話し声は周りの人の集中力を阻み，迷惑をかけます。真剣に聞いている人に配慮しましょう。自分が発表しているときにクラスメイトが私語をして発表を聞いてくれない場合は不愉快でしょう。満員電車に揺られ，大学へ授業を受けに来た，その自分の努力，労力，時間を友人との私語で潰してしまうのはもったいないことではないでしょうか。友人とはいつでも話すことはできますが受講しているその授業は二度と戻っては来ないのです。そのように考えれば私語をしていることがいかに大事なものを失っているかがわかるでしょう。

2 社会人としての言葉遣い

　ビジネスの世界では社会人としてふさわしい日本語を話せることが肝要です。社会人としての言葉遣いといえば敬語です。
　敬語を適切に使用できることがビジネスを成功させる条件の一つと言っても過言ではないでしょう。そのくらい重要な働きがあります。それは日常のあいさつ，商談の交渉，来客の応対，業務の打ち合わせ，電話での応対，電話の伝言，会議の発言などすべて接遇表現の言葉遣いから成立しています。
　学生から社会人になったとき，敬語が上手に使えないということでは社会人として未熟であり，ビジネスで成功する機会が著しくそこなわれます。敬語は学生時代から自覚を持って使っていくことにより自然に身についてきます。言葉に限らず何ごとも，正確に基礎を理解することによりビジネスの現場で応用が利くのです。学生時代に基礎力を身につけることは何よりも大切です。
　敬語にはルールがあります。その知識を吸収して，日常生活での場面を中心に具体例をあげ，日ごろから意識的に使いながら全体像を学んでいきます。「学び」は「まねび」から始まります。授業だけではなく，自分の周りの友人，先輩，先生方の素敵な言葉遣いを真似ることから始めていきましょう。言葉は一朝一夕に身につくものではありません。語学と同様，日常生活を通して覚えることが最良の早道です。

1　正しい敬語の使い方

　敬語とは，相手の心をいたわり人間関係を良くするための言葉です。相手を思いやれば相手もこちらに敬意を表します。敬語は相手との関係を円滑にし，ビジネスの目的を達成させるための潤滑油の働きをしています。心遣いのひとつが言葉遣いです。
　敬語は，話し手，聞き手，話題の人との社会的関係，人間関係によって使われています。したがって，敬語を正しく使うにはルールを知り，相手や状況に応じて，会話の中で的確に使い分けることです。

敬語は尊敬語，謙譲語，丁寧語に分類できます。そのほか，美化語があります。

基本的にはこの3つを上手に取り入れることが必要となります。

(1) **尊敬語** 相手を高め，敬意を表します。

①	れる	される，書かれる
	られる	来られる，聞かれる，行かれる，言われる
②	お（ご）～になる	ご出席になります，お見えになります
	お（ご）～なさる	ご心配なさったでしょう，ご報告なさいましたか
		どちらにご就職なさいましたか
③	お（ご）～くださる	お読みくださる，ご検討くださる
		お書きくださる，ご指導くださいませ

(2) **謙譲語** 自分や身内のことについては，相手に対してへりくだった表現をすることで相手に敬意を表します。

①	お（ご）～する	お届けします，お知らせします
	お（ご）～いたす	お伺いいたします，ご連絡いたします
②	お（ご）～いただく	お待ちいただけますか
	（してもらう）	ご指導いただきたく存じます
		ご承知いただく，お見せいただく
		お越しいただく

(3) **丁寧語** 相手や場面により，親疎の度合いや改まり方の度合いは異なります。相手に直接敬意を表わす，丁寧さの表現を言います。

① 文末を「です」「ます」「ございます」と結んだり，言葉を言いかえて丁寧語にする。

会話例	同僚	先輩	上司
お住まいはどちら	横浜（よ）	横浜です	横浜でございます
お出掛けですか	そうよ	そうです	さようでございます
今日のお昼は	どうする	いかがします	いかがなさいますか

② 「お（ご）」を添えて敬語にする。

　ご出席，ご返事，お話し，お手紙，お礼，お願い

(4) 美化語 品位のある言い回しで相手に好感を与える。

「お（ご）」を添えて美化語にする

　　お茶，お菓子，お食事，ご飯

2　目的別日常会話例

あいさつの言葉	おはようございます こんにちは，○○さんいらっしゃいますか 失礼いたします おじゃまいたします ごめんください
自己紹介するとき	私は○○大学の山田花子と申します／です ○○です，どうぞよろしくお願いいたします
相手に確認をする	提出書類は○○と○でよろしいでしょうか いかがでございますか
依頼するとき	恐れ入りますが お手数をおかけいたします 誠に申し訳ございませんが お願いできますでしょうか お忙しいところ恐縮ですが ご面倒ですが… 資料を揃えて明日お伺いしたいのですが 少々お待ちください 先生，すみません，もう一度説明してくださいますか 先生，履歴書の書き方を教えてください
用件を伺うとき	～について，お伺いしたいことが3点あります
お礼を言う・感謝をする	ありがとうございます
謝るとき	誠に申し訳ございません
切り出しの言葉	お忙しいところよろしくお願いいたします ○○先生はどちらでしょうか ○○についてよくわかりません，教えていただけますか
承諾するとき	はい，承知いたしました はい，かしこまりました 確かに，いただきました
相づちを打つ	さようでございますか 大変でしたね もう一度おっしゃっていただけますか お気持ちよくわかりました

3　覚えておきたい言葉遣い

普通の言葉遣い	改まった表現
わたし　ぼく	わたくし
お父さん・お母さん	両親・父・母
相手の会社	御社
○○会社の人	○○会社の方
きょう	本日
きのう	昨日
あす，あした	明日
あさって	明後日
～　と言います	～　と申します
～　です	～　でございます
～　してもらえませんか	～　していただけますか
行きます	お伺いいたします
すみません	申し訳ございません
できません	いたしかねます
どうですか	いかがですか
わかりました	承知いたしました
誰ですか	失礼ですがどちら様でいらっしゃいますか
ちょっと待ってください	少々お待ちください
お待ちどうさま	大変お待たせいたしました
声が聞こえないのですが	お電話が遠いのですが
もう一度お願いします	恐れ入りますが，もう一度おっしゃっていただけますか

4　効果的な接遇表現

人間関係を円滑に保つには，正しい敬語が使えるだけでは不十分です。さらに相手への配慮が感じられるような表現ができることも大切なことです。接遇表現は，人間関係や場面に応じた最も適切な言葉を選び使うことです。

「適切な言葉」とは，敬語を人間関係から捉える外的表現と言葉の持つ心理的関係の内的表現からなると考えます。相手の心を読み取り表現することは難しいことです。選び抜いたひと言で相手を喜ばせたり，ひと言によって傷をつけることもあります。

そこで，相手に不愉快な思いをさせないためには，次の3点を配慮する必要があります。

(1) 肯定表現をする

人に指示や依頼をするとき，命令的，否定的なものの言い方より，肯定，疑問形または言い換えて話しかけるほうがよい語感を持ちます。

命令的，否定的	肯定的，疑問形
お願いできないでしょうか	お願いできますか
後でお電話ください	後ほどお電話いただけますでしょうか
教室で飲食はしないでください	恐れ入りますが，飲食はご遠慮願えますか
	こちらは飲食厳禁になっております
	飲食は指定されたところでお願いいたします

(2) 婉曲な断りの表現

広い範囲の動詞の後につけて，「できない」という意味を表現します。

① かねる（兼ねる）

私には	わかりかねます
お答え	いたしかねます
ご要望に	応じかねます，添いかねます
詳しいことは	申し上げかねます

(3) 緩衝語を取り入れる

「緩衝語」とは「クッション言葉」とも言われています。

主題となる言葉の初めに使うことによって，後に続く言葉の響きを和らげ，聞き手の心を和ませる心遣いを表わす言葉です。

お手数をおかけいたしますが…	よろしくお願いいたします
恐れ入りますが…	採用担当の方をお願いいたします
失礼でございますが…	どちらさまでいらっしゃいますか
申し訳ございませんが…	少々お待ちいただけますか
ご面倒ですが…	お願いできますでしょうか
お差し支えなければ…	お伺いさせていただきます

5　使っていませんか，おかしい言葉遣い

　日常的に下記のような省略表現や日本語表記の間違った言葉を使っていませんか。面接では日常の言葉遣いがとっさに出てしまい，聞き手に悪い印象を与えてしまいます。

　1　ぜんぜん大丈夫です
　2　○○大学の山田太郎ですが
　3　これだめなんですよね
　4　履歴書見てもらってもいいですか
　5　履歴書のほうはもう送りました
　6　人事部の加藤様でございますか
　7　伝えてくれますでしょうか
　8　貴社にあした行けると思います
　9　先生がおっしゃられたように
　10　就職活動めちゃがんばりました
　11　私的にはそう思います
　12　ただいま担当者が言ったように
　13　本当にすいませんでした
　14　本とかはときどき読みます
　15　よろしかったらいきます
　16　これでよろしかったでしょうか
　17　とてもよかったかな，みたいな…
　18　やっぱり受けることにします，うん
　19　バイトをしています
　20　そのことはわかりかねません

③ Eメール・携帯メールと電話のマナー

1 Eメール・携帯メールのマナー
(1) 就職活動とEメール・携帯メール

就職活動中の学生と企業との連絡はEメールで交わされるケースが多くなりました。就職ナビに登録し，自己PRや小論文をメールで送信することが最初の就職願書という企業も増えました。礼儀にかなったEメール送信ができることが必須です。最初の送信で既にあなたはマナーのチェックを受けています。

就職活動中はいつ何時にメールが届くかもしれません。常時Eメール受信状況を確認する習慣をつけましょう。日ごろは携帯メールを使用する習慣があり，Eメールはめったに見ないという人は，企業からの連絡に気づかず，締め切りに間に合わなかったということがないように気をつけましょう。

(2) ビジネス文書とEメール文書との違い

昨今のビジネス社会では重要な通信ツールとなったEメールですが，ビジネス文書とはいくつか違いがあります。Eメールのパソコンの画面は紙とは異なり，余り多くの文字が並ぶと読みづらくなります。簡潔で読みやすい文章を心がけます。

〈頭語・結語，時候のあいさつ，安否のあいさつの言葉は不要〉

Eメールではあいさつの言葉は省略します。

しかしいきなり用件に入るのは余りにも味気ない感じがするので，「平素はお世話になっております」などの簡単なお礼の言葉を初めに使うと読むほうは気持ちがよいでしょう。

〈日付は不要〉

Eメールは自動的に発信された日付，時間が画面に表示されるので，ビジネス文書のように日付を書く必要はありません。

〈件名を付ける〉

受信者が内容を読まなくても瞬時に内容が判るように件名をつけます。件名

Eメールの書式例

宛先：	○○株式会社人事部採用課
ｃｃ：	○○株式会社人事部
件名：	企業セミナー参加申込み

```
○○株式会社
人事部採用課御中

○○大学○○学部○○学科4年生の山田太郎と申します。
　さて，貴社ホームページで○○年卒業予定者の企業セミナー開催の記事を
拝見し，参加いたしたく思い，メールをさせていただきました。詳細に
ついてお知らせいただきますようお願い申し上げます。

以上

○○大学○○学部○○学科
　山 田 太 郎
　〒123-4567
　○○県○○市○○町一丁目2-3
　電話：123-456-7890
　FAX：123-456-7891
　e-mail：xxx@xxxxx.ne.jp
```

により，受信者は緊急メールか，重要メールか，後で読んでも差し支えのないメールか等の優先順位が判断できます。

例えば「面接日についての返信」「会社説明会の出席」「内定承諾書の送付」など相手にただちに内容が判るような件名を付けます。

〈署名欄〉

Eメールでの通信であっても，書類の送付を依頼する内容であれば，住所が必要になります。Eメール以外でも連絡ができるように本文の最後に自分の所属名，氏名，住所，電話番号，FAX番号，メールアドレスを記載します。

〈以上〉

Eメールでは結語は不要ですが，文面は終了という意味の「以上」をつけ簡潔に文章を終了します。ビジネス文書では「以上」は右寄せですがEメールでは左寄せでもよいでしょう。

〈文字の大きさ，1行の文字数，段落〉

パソコンの画面は人によっては見づらいことがあるので文字のポイントはできるだけ大きめを，11フォント以上を使用すると読みやすいでしょう。

パソコンの画面いっぱいに入力すると，1行の文字数が受信者のパソコンによっては一定の文字数に達すると自動改行になり，文章の途中で改行となり，元々改行した部分は再度改行となり読みづらくなります。1行を32文字前後にすればまず自動改行はないと考えられます。

段落は1行空けると読みやすくなります。これは受信者への心配りです。

(3) ccとbcc

cc（carbon copy）とはあて名人以外にも参考までに写しとして同じメールを送信することです。あて名人とccされた人には各々のメールアドレスが画面に表示されます。したがってccされた人はお互い全く知らなくてもメールアドレスが知らされます。

bcc（blind carbon copy）とはあて名人やccの人には知らせずに他の人に写しを送ることです。bccの人のメールアドレスは画面に表示されません。

あて先とは別にccやbccの欄に入力します。Eメールでの送信はクリックすると一瞬にして送信され，「あの写しは間違いだった。変更しよう」と思っても後の祭りです。Eメールの怖さはクリックという一瞬の操作で元に戻せないことです。特にbccを送る際は十分な注意が必要です。

(4) 絵文字，顔文字

ビジネス文書では絵文字や顔文字の使用は不適切です。真剣さに欠けるととられます。

2 電話のマナー

(1) 電話をかける時間帯

電話をかける時間帯に注意します。朝の9時前後は電話回線が大変込み合います。企業によっては朝礼の最中かもしれません。昼休み直前，昼休み，終業時間の間際は避けます。一般的には午前10時～11時，午後2時～4時が望ましいでしょう。

(2) 自分を名乗る

まず所属大学名，名前を名乗ります。「私〇〇大学〇〇学科4回生の〇〇〇〇と申します。恐れ入りますが人事課の方をお願いいたします」など誰と話がしたいのかをはっきり伝えます。担当者が電話口に出た場合，念のため，もう一度名乗ります。正確に伝わっていないことがあるからです。

(3) 電話の目的を述べる

次に「就職情報サイトで御社の〇〇年卒業予定者の募集を拝見し，応募いたしたくお電話差し上げました」などの電話をかけた理由を述べます。

(4) 電話を切る際は静かに受話器を戻す

がちゃんと激しい音を立てて受話器をおろすと相手には悪印象を与えます。基本的には，かけた側が先に切りますが，目上の人や就職活動ではたとえ自分からかけた場合でも後で切りましょう。また相手に不愉快な思いをさせないためには最初に受話器を置くのではなく，まず指で静かにフックを押して切ってから，受話器を置くとよいでしょう。

(5) 敬語を使う

敬語を使えるように日ごろから練習しましょう。敬語は身についていなければ，とっさには出てきません。

2正しい敬語の使い方で詳しく述べていますが，その場に相応しい敬語が使えるように心掛けましょう。

「承知いたしました」，「はい　かしこまりました」，「了解いたしました」などの返答ができるようにしておきます。

電話での会話の例①

電話オペレーター ：〇〇商事株式会社でございます。
山田太郎 ：私〇〇大学〇〇学部〇〇学科4回生の山田太郎と申します。お忙しいところ申し訳ございませんが新卒採用担当の方をお願いいたします。
採用担当者 ：採用担当　〇〇です。
山田太郎 ：私〇〇大学〇〇学部〇〇学科4回生の山田太郎と申します。就職情報サイトで御社の〇〇年卒業予定者の募集を拝見し，応募したくお電話差し上げました。
採用担当者 ：〇〇日までに履歴書を私まで送ってください。私は人事課〇〇と申します。
山田太郎 ：かしこまりました。人事課の〇〇様でいらっしゃいますね。早速お送りいたします。
ありがとうございました。失礼いたします。

電話での会話の例②
授業中に企業から日程連絡等の電話がかかり折り返しかける場合

採用担当者 ：採用担当　〇〇です。
山田太郎 ：私〇〇大学〇〇学部〇〇学科4回生の山田太郎と申します。先ほどはお電話をいただきましたのに，授業中でお話ができず失礼いたしました。
ただいま教室から出てまいりましたので，お話を伺うことができます。
よろしくお願いいたします。

4 日常の立ち居振舞いの留意点

1　入　室
(1)　ドアのノックの仕方

ノックは2～3回ドアを軽くたたきます。強すぎると荒々しい性格と受け取られ，優しすぎるとノックの音が聞こえないことや弱々しい性格と受け取られることもあります。にぎりこぶしでドアをノックしないようにします。人差し指と中指の第二関節でノックすることです。

(2)　ドアの開閉

ドアはノックし「どうぞ」と中から声が聞こえれば，最初は少し開け，その後さっと開けます。最初に少し開けるのは，万一ドアの内側に人が居て力強く開けると怪我をさせることがないように中の人に配慮するためです。また今から入りますよという合図でもあります。最初から力をこめて強く開けるとドアが軽い場合は体のバランスを崩します。

ドアを閉めるときも，最後の10cmぐらいまではさっと閉め，その後静かに音がしないように閉めます。このように余韻を残すところに好ましい人間性が感じられます。音をたててドアを閉める人に奥ゆかしさは感じ取れません。人間関係においても荒々しい性格の人だろうと勝手な憶測をされることでしょう。

(3) **上座，下座**

人間に上下関係があるように，室内にも上下の位置があります。

まず入室して手前と奥では奥が上座，手前が下座です。手前，すなわちドアに近い場所はドアが開くたびに風が入る，埃が入る，人の出入りが頻繁で煩わしい，廊下から中が見えやすいなど奥の位置に比べて快適ではありません。また奥の窓側は美しい景色が臨め，開放感があり，心地よい場所です。

このように中に居る人間にとって快適かそうでないかで上座，下座は決まります。

ソファーと肘掛け椅子，スツールでは格が異なります。ソファーは広い椅子にゆったりと腰掛けてくださいという意味で格が上です。スツールは肘掛も背

もたれもないので，最も格が下なのです。応接室に通された場合，迎える側に「ソファーにどうぞ」と言われるまでは，下座の位置に腰掛けましょう。

　壁に絵画や飾り物などが置いてある側が上座です。

　和室に通された場合，床の間がある側が上座で，出入りの襖の近くが下座です。和室では床の間を背にして座る位置が上座です。また室内では年齢や職位の高い人が居る場所が上座です。したがってその人から遠い場所が下座になります。どちらの場所が上座下座かがわかるように訓練しましょう。

(4) **椅子の掛け方，立ち方**

　椅子に掛ける場合，下座側から着席しましょう。外側の足を前に出し内側の足を外側の足に添えるように前に進め，椅子の座面の真ん中で両足を揃えます。片足を半歩引き座り，足を揃えます。

　椅子から立ち上るときはその逆になります。

2 退 出

　室内から退出する場合は部屋の下座側から出ましょう。上座の前を堂々と胸を張って出るようなことのないようにします。入口の所で「失礼いたします」「お邪魔いたしました」等のあいさつをし，会釈をして静かにドアを開けて出ていきます。ドアは2回に分けて静かに開け閉めしましょう。そのような動作は見る者に爽やかな余韻を残します。

Ⅱ　就職活動のための心構え

1 人生の三つの節目

人生には三つの節目があると言われています。

一つは親の庇護のもとにあった幼児期を巣立ち就学する学校教育期のスタートのとき。

二つ目は学校教育期が終わり社会人として長い将来にわたるキャリアを踏み出す第一歩のとき。

三つ目は職業人としての社会活動期に区切りをつけたときです。

就職は，その中でも大きな節目の一つです。

大学は社会人になるための準備期間です。ここで培われた人と人との交わり方や，多くの知恵と知識を学ぶことで人としての幅が生まれます。学生生活は，これからの自分の人生を真剣に考えるための最良の機会です。自分の気持ちを大切にし，積極的に取り組みましょう，努力は結果に現れます。

職務に就いたとき，職業人として誰からも信頼され，実務を通して実践力を培い，自己研鑽していく姿勢は，人生のバックボーンとなります。一生を通じて学び成長する過程において仕事がその人となりを作ります。人の成長に大切なのは，どのような職業で自己実現を果たすかです。自分に適した仕事を選ぶことが大切です。

自らの未来を切り開くために有益な就職活動をしていきましょう。

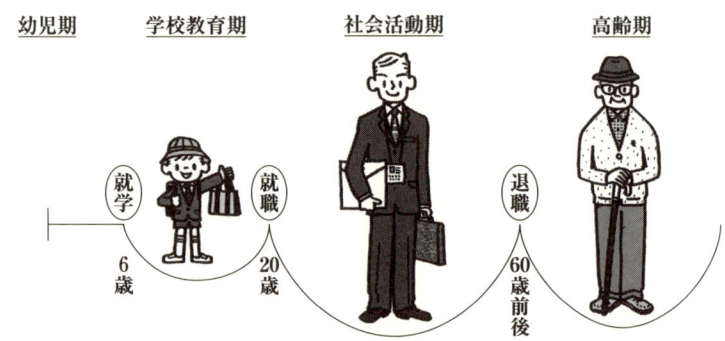

2　人はなぜ仕事をするのか

　雇用を取り巻く情勢は年々厳しさを増し，その形態も多様化する中で，働くことの意味や目的は，人によって様々な考え方に分かれます。生活を支えるため，より豊かな生活を送るため，社会の一員として貢献したいため，自分の能力を発揮するためなどと答えが返ってきます。

　心理学者マズローは，「人間は絶えずある目標に向かって到達しようと動機づけられている。その動機づけの根底には欲求があり，その欲求は5段階に分かれている」と提唱しています。人は一つの欲求が満たされるやいなや次の欲求が生じ，その欲求はより高く社会性を帯びたものを求めるようになると考えられています。

　マズローの欲求5段階説を仕事に適用させると下図のようになると考えます。

　今では一般的に仕事で業績を上げ，認められ，高い評価を得たいという欲求がさらに高まり，仕事を通して自己実現を目指す人も少なくありません。

　余裕を持って準備を行い，就いた仕事は人の役に立ち，それは自分にとって喜びであり「働きがい・やりがい」となり，楽しくキャリアを積んでいくことができるでしょう。仕事を通しての人間的な成長が最大の成果となります。

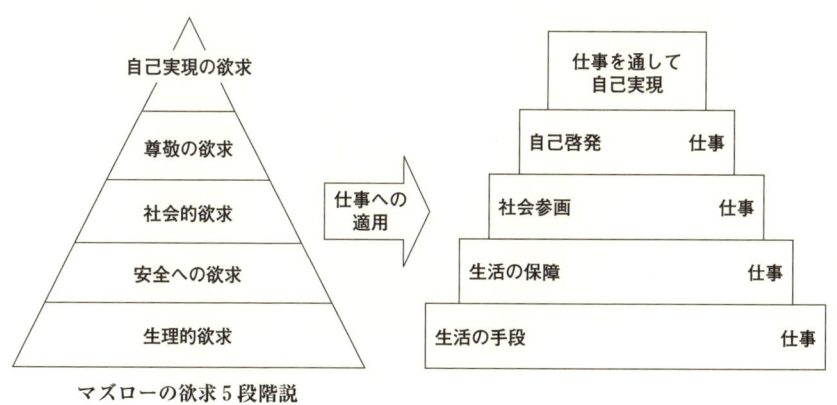

3 生き方の可能性を考えて仕事を選ぶ

　1985年男女雇用機会均等法制定後，90年代で終身雇用，年功序列などの雇用システムが見直され，能力主義，成果主義に移行しています。

　女性の職域が広範囲にわたり，勤続年数も長期化し，ライフスタイルも大きく変化してきました。今では結婚後も職業を持ち，妻であり，母であり，仕事と女性である人生を両立している人が増えました。女性が働き続けて，自立的な人生を送り，自分らしい生き方をしたいと望み，それを支えるためには自分の仕事を持ち，経済的自立が必須の要件であると考えられるようになったことは確かです。

　近年，昇進や業績評価に際しては，企業の価値観に合致した行動を取ることを優先に評価する企業もあり成果主義が見直されてきています。また，若手社員に焦点をあて資格制度の復活などの見直しを図る企業も増えています。企業においても試行錯誤の続くなか人的資源管理が見直されてきています。そのような時代の変化をチャンスと捉え，希望の職業に就くことを目指し必要なスキルや能力を身につけるため，努力を惜しまず目標に向かっている人が増えています。

　男性も女性も充実した人生を送るためには，発展的な職業生活を持つことがますます重要になっています。自分の将来の様々な状況，自己のライフスタイル，生き方の可能性を考慮しながら仕事を選んでいくことが大切です。

4　どのような雇用形態で働くのか

　雇用環境の大きな変化は正社員だからということで安逸としていられません。
　雇用形態も多様化し，派遣社員，契約社員と非正規雇用が急速に進み，アルバイトやパートで勤務するフリーターと呼ばれる若者が増えています。賃金や労働条件の面で正社員との格差は大きく，いざというときの保障もない不安定な状況にあります。フリーターは目標とする職業の準備のため以外は勧められません。新卒である条件を生かして努力することです。

5　採用の現状とキャリアプラン

　就職するにあたって，社会情勢は厳しいものがあります。特に経済面における世界的な景気の低迷や，国際的な企業間競争の激化などにより，日本経済の先行きが不透明なため，各企業は生き残りをかけ経営のスリム化を図っています。企業にとっての財産は人であることに変わりないのですが，将来会社を担う新入社員については少数精鋭，能力主義，量より質を重視する厳選採用の傾向を一層強めています。

　また一方で，インターネットを活用したネット採用の導入により，企業は出身大学や学部を問わない実力本意のオープンな採用を展開するようになっています。さらに自社に対する志望動機の高い優秀な学生を確保するため，エントリーシート（企業独自の採用応募書類）を事前に課したり，個人面接や集団面接のほか，グループディスカッション，グループワーク，プレゼンテーション等を導入して，職業人としての資質や働く意識の高さを徹底精査しています。

　このような状況の中で企業における内定のあり方に変化が出てきています。

　将来の就労イメージを明確に持って，それに添った形で早期から基礎能力を磨いてきた学生が内定を複数もらう反面，そうでない学生は，内定が一つも貰えないといった状況が生じ，前者と後者との格差が明確になっています。

　こうした社会の動きの中で，学生生活を通して自己実現していくことの重要さが十分理解できたことと思います。さらに自分はどのように生き，どのように働いていくのかというキャリアプランを構築する力を持つことです。

6　就職活動を始める前の心構え

　就職活動が始まってから，就職について考えるのでは遅いのです。
　就職を希望する人は，職業意識の早期確立を目指すことです。それには，入学時のオリエンテーションが済み，多数の先生や友と出会い，授業やゼミ，サークル活動などを通して，多くを学び，異なる価値観を知り体験していく中で，目的や目標を見つけ働く意義を身につけてください。
　就職活動を始めるに至ったとき，「自分に向いている仕事は何か」「自分はどのような仕事に就きたいのか」が，わからないという深刻な悩みを持つ人が増えています。大学を選択する上で，すでに自分の将来の目的や目標を目指した人と，まず大学に入って学生生活の中で目的や目標を見つけていこうという人がいます。思いは様々でも，仕事を通してより豊かな生活を追求する気持ちは共通だと思います。働く意義について考え，早くから準備することが必要です。
　ビジネス社会に生きる自分を想像したとき「自分は何ができるのか」，社会で働くためには「何が必要か」を考えてください。この「何が」を修得する場が大学です。
　大学こそ社会で必要な人間力を磨き，実践力をつける場なのです。在学中に就職活動に入るまでに一つでも二つでも，さらに上級を目指し資格を取得することも重要なことです。入学時から学生生活の計画を立てて自分磨きをしましょう。にわか仕込みでは，採用試験の現実に対応できません。

7 企業が求める人材，求められる人となるには

1 企業が求める人材

　企業がビジネス環境の変化に対応できる優秀な人材を確保するという考えに変わりありません。国際競争の進む，先の見えない大転換期に求められる人材とは，どのような状況においても柔軟な思考力で事に向きあい，自分で考えて行動できる人でしょう。

　企業には，個性豊かで能力と意欲のある人材が不可欠です。企業は10年後，20年後を見据え，組織の中枢となりうる可能性を持った人材を求めています。

　求められる人材の資質として，基礎能力を備え，採用後すぐに伸びる力を備えている人材です。さらに，創造力と国際感覚，そしてバランスのとれた人間性が条件として求められます。求める人材も業種によって異なり理数科系のセンスに優れた人，語学に秀でた人，情報処理に強い人などと，具体的には即戦力となる何かを持っている人ということになります。

　学生のうちに資格は一つでも多く取得し，より幅広い実務能力を身につけることが肝要です。試験の際，問われることは学生時代の2年間，4年間で何を学んだのかです。何がどのくらいできるのかと言うことを具現化することです。それは，希望する企業の面接のときに，身につけた技術や事務能力をどの部署でどのように生かし企業に貢献できると言えることです。

2 企業が採用で重視する5つの能力と社会人基礎力

　厚生労働省の調査によると，企業が若年者に採用時に求める能力として，「コミュニケーション能力」「基礎学力」「職業人意識」「資格取得」「ビジネスマナー」という結果が出ています。

　また経済産業省が定義する「社会人基礎力」は3つの力と12の要素に分けられています。自分の関心のあるところから取り組み身につけていくことを心掛けます。

企業が採用で重視する5つの能力

[1]コミュニケーション能力	意思疎通	自己主張と傾聴のバランスを取りながら効果的に意思疎通ができる
	協調性	双方の主張の調整を図り調和を図ることができる
	自己表現力	状況にあった訴求力のあるプレゼンテーションができる
[2]職業人意識	責任感	社会の一員として役割の自覚を持っている
	向上心・探求心	働くことへの関心や意欲を持ちながら進んで課題を見つけ、レベルアップを目指すことができる
	職業意識・勤労観	職業や勤労に対する広範な見方・考え方を持ち、意欲や態度等で示すことができる
[3]基礎学力	読み書き	職務遂行に必要な文書知識を持っている
	計算・計数・数学的思考	職務遂行に必要な数学的な思考方法や知識を持っている
	社会人常識	社会人として必要な常識を持っている
[4]ビジネスマナー	基本的なマナー	社会の一員として役割の自覚を持っている
[5]資格取得	情報技術関係	社会人として必要なコンピュータの基本機能の操作や情報処理・活用ができる
	経理・財務関係	社会人として必要な経理・会計、財務に関する知識を持ち活用ができる
	語学力関係	社会人として必要な英語に関する知識を持ち活用ができる

厚生労働省「若年者の就職能力に関する実態調査」

社会人基礎力レベル評価基準表

3つの力	12の要素	定義	3つの力	12の要素	定義
前に踏み出す力	主体性	物事に進んで取り組む力	チームで働く力	発信力	自分の意見をわかりやすく伝える力
	働きかけ力	他人に働きかけ巻き込む力		傾聴力	相手の意見を丁寧に聴く力
	実行力	目的を設定し確実に行動する力		柔軟性	意見の違いや立場の違いを理解する力
考え抜く力	課題発見力	現状を分析し目的や課題を明らかにする力		情況把握力	自分と周囲の人々や物事との関係性を理解する力
	計画力	課題の解決に向けたプロセスを明らかにし準備する力		規律性	社会のルールや人との約束を守る力
	創造力	新しい価値を生み出す力		ストレスコントロール力	ストレスの発生源に対応する力

経済産業省

8 就職活動のはじめに

1 就職活動ノート作成

日頃かばんに入れて持ち歩く手帳とは別に，就職活動専用ノートを用意します。就職ノートは次のように使っていきます。

① 学内での就職ガイダンスで聞いた話や指導内容などを整理して書く
② 会社訪問や会社セミナー・面接などの日程・場所や持参するものなど大切な事柄をＥメール・電話などで受けることがあります。このように企業と対応していくなかで，忘れてはならないことをメモする
④ 会社訪問・OB/OG訪問などの結果を整理して書く。書くことにより会社内容が頭に入り，面接に至ったときに役立つ
⑤ 会社説明会で，会社の第一印象などをメモにしておく
⑥ 面接後，面接の質問内容に対する回答の仕方やグループディスカッションの内容などの反省点を整理し記入することによって問題が明らかになり，今後に役立つ。

その他，自分の職業観やライフスタイルなど，自分に関する基本的な事項をメモしておきます。会社訪問が始まるとじっくり物を考える余裕はなくなります。会社説明会やガイダンスのとき，その場で応募書類を記入，提出させられることも多いようです。あわてないためにノートは絶えず携行し，スケジュールや企業情報などを書きこんでいきます（資料参照）。

2 就職活動の流れとチェックポイント

就職活動の時期を迎え，どのように就職活動をしたらよいのか，どのようなことを考え，行動したらよいのか，不安や疑問を抱いている方も多いのではないでしょうか。就職活動開始とばかりに，何の計画もなく手当たり次第に会社説明会やガイダンスに出かけていくことは望ましくありません。まして授業を欠席するのは考えものです。

無計画な行動は控えることです。キャリアプランを実現させるためには就職

活動の流れを理解し計画的に行動することが重要です。

　就職活動に入る前には，進路をじっくり考える必要があります。そのためにはまず自分自身を知ることです。自分の過去を分析し，性格や能力といった項目の強みや弱みを明らかにし自己認識を新たにします。

(1) 自己分析が活動の第一歩

　自己分析とはまず己を知ること，自分の実力，可能性，限界を知ることです。そして「自分はどのような仕事をしたいのか」「どのような仕事に向いているのか」を見極めることです。

　そのために自分を知るということは，自分のこれまでの人生を振り返ることから始めます。能力，資格，経験，性格，興味があることなど自らを見つめ，自己理解を深めることです。これは自分にはどのような仕事が向いているのかなどを考え，進む方向性が見えたときに，初めて納得のいく職業選択の第一歩を踏み出せます。難しく考えずに，自分のやりたい仕事を紙に書き出していくだけでも自己分析につながります。大切なことは，まず自分を知って，自分の個性や適正がどこにあり，どのような人生を過ごしたいか，どのようにキャリアを積んでいきたいかを，自分で判断することです。自分自身を客観的に理解することで就職活動への確かな一歩を踏み出すことができます。

　適職の選択に際しては，就職指導の先生をはじめゼミ等の先生方に相談します。親しい友人の意見に耳を傾けることや「職業適性検査」などの結果を参考にすることも効果的です。そして，誰よりも重視しなければならない相談相手は，家族です。職業人の先輩として意見を述べ，誰よりも適切なアドバイスをしてくれるのは，あなたをよく知っている家族なのです。就職活動の進捗状況に関しては日ごろから家族とコミュニケーションを密にしておきます。自宅通学者以外の学生も電話などで報告を欠かさず，帰省した際はよく話し合うことです。

過去の自分を振り返る

○印象に残っていること・興味がある職業・得意だったこと・技術・資格について

小学校

中学校

高等学校

大学・短期大学

現在の自分を見つめる

私の長所・短所

趣味・特技・スポーツ

得意なこと・資格の取得

アルバイト経験など

現在の自分を見つめる

もっともうれしかったこと

もっとも悲しかった，辛かったこと

将来の夢や希望

私のキャリアプラン

未来の自分をイメージしてください

私は明日から…

1年後には…

3年後には…

5年後には…

10年後には…

そして　　　年後には…

就職活動の流れを知る

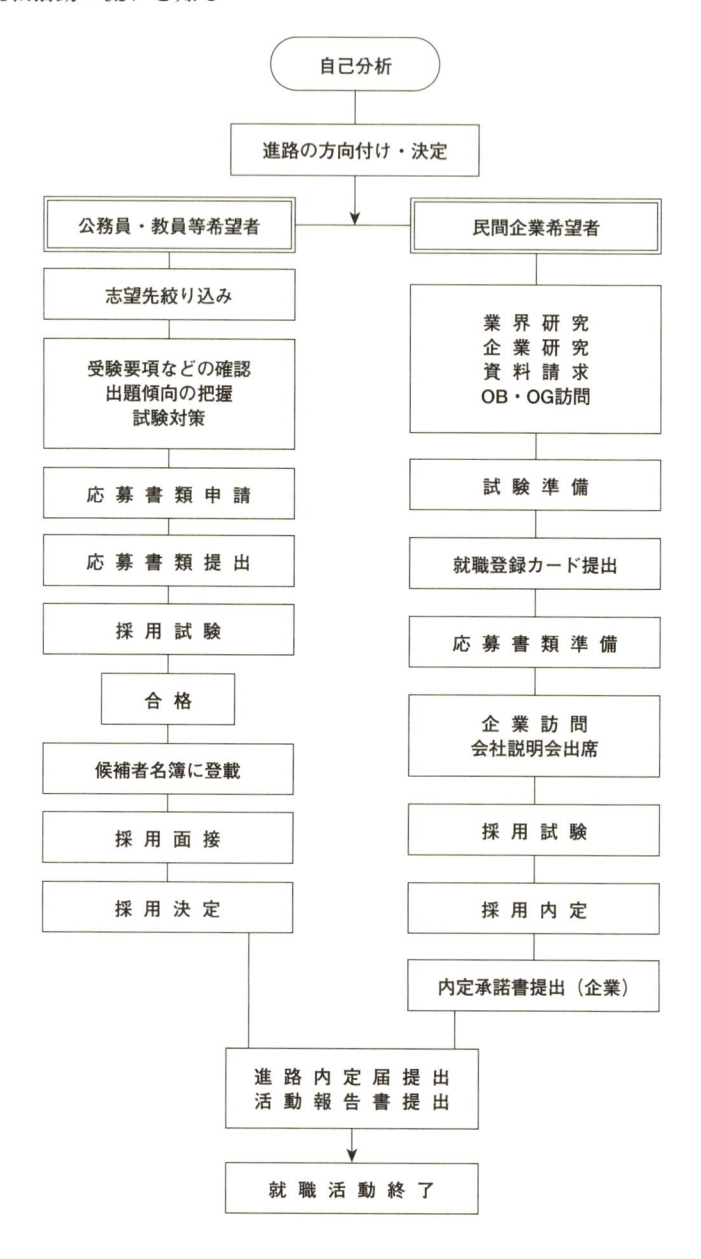

```
                    ┌──────────┐
                    │  自己分析  │
                    └────┬─────┘
                         ↓
               ┌──────────────────┐
               │ 進路の方向付け・決定 │
               └──────────────────┘
           ┌─────────────┴──────────────┐
           ↓                            ↓
  ┌──────────────────┐         ┌──────────────┐
  │ 公務員・教員等希望者 │         │ 民間企業希望者 │
  └──────────────────┘         └──────────────┘
           ↓                            ↓
     ┌──────────┐               ┌──────────┐
     │ 志望先絞り込み │               │ 業 界 研 究 │
     └──────────┘               │ 企 業 研 究 │
           ↓                    │ 資 料 請 求 │
   ┌──────────────┐             │ OB・OG訪問  │
   │ 受験要項などの確認 │             └──────────┘
   │ 出題傾向の把握   │                    ↓
   │   試験対策     │             ┌──────────┐
   └──────────────┘             │ 試 験 準 備 │
           ↓                    └──────────┘
     ┌──────────┐                    ↓
     │ 応募書類申請 │               ┌──────────────┐
     └──────────┘               │ 就職登録カード提出 │
           ↓                    └──────────────┘
     ┌──────────┐                    ↓
     │ 応募書類提出 │               ┌──────────┐
     └──────────┘               │ 応募書類準備 │
           ↓                    └──────────┘
     ┌──────────┐                    ↓
     │ 採 用 試 験 │               ┌──────────┐
     └──────────┘               │ 企 業 訪 問 │
           ↓                    │ 会社説明会出席 │
     ┌──────────┐               └──────────┘
     │  合  格   │                    ↓
     └──────────┘               ┌──────────┐
           ↓                    │ 採 用 試 験 │
   ┌──────────────┐             └──────────┘
   │ 候補者名簿に登載 │                    ↓
   └──────────────┘             ┌──────────┐
           ↓                    │ 採 用 内 定 │
     ┌──────────┐               └──────────┘
     │ 採 用 面 接 │                    ↓
     └──────────┘               ┌──────────────────┐
           ↓                    │ 内定承諾書提出(企業) │
     ┌──────────┐               └──────────────────┘
     │ 採 用 決 定 │                    │
     └──────────┘                    │
           └────────────┬─────────────┘
                        ↓
             ┌──────────────────┐
             │  進路内定届提出    │
             │  活動報告書提出    │
             └──────────────────┘
                        ↓
               ┌──────────────┐
               │ 就 職 活 動 終 了 │
               └──────────────┘
```

就いてみたい職業・興味のある職業を探してみよう

【例】
一般事務　県職員　教員　販売員　フライトアテンダント　パイロット　トレーサー　ファッションアドバイザー　エステティシャン　ウエディングプランナー　ブライダルコーディネーター　雑誌記者　新聞記者　経済学者　心理学者　警察官　気象予報士　証券アナリスト　ファイナンシャルプランナー　税理士　会計士　弁護士　経理事務　不動産鑑定士　通関士　調理師　栄養士　カウンセラー　設計士　コピーライター　スポーツインストラクター　アナウンサー　小説家　消防士　システムエンジニア　プログラマー　ウェブデザイナー　経営コンサルタント　ツアーコンダクター　薬剤師　医師　インテリアコーディネーター　ソムリエ　美容師　理容師　イラストレーター　CADオペレーター　商業デザイナー　測量士　理学療法士　看護師　介護福祉士　ケアマネージャー　ホームヘルパー　プロ野球選手　プロサッカー選手　ミュージシャン　酪農家　農家など

就きたい・興味のある職業	何が必要か　免許・資格・技術など	どのような努力が必要か
1		
2		
3		
4		
5		

(2) 進路の明確化

「こんな人になりたい」「こんな仕事に就いてみたい」「こんなことをやりたい」など何でもいいのです。自分なりの「なりたい自分」のイメージを描きます。

次に一般企業に勤めるのか，教員や公務員になるのか，さらにＵターン就職をするかなどの進路の方向づけをします。進路や就職先の決定は自分の生き方の選択にもつながります。

(3) 業界・職種研究

業界とは，同じ領域にある企業の種類を指します。そこで担当する仕事の種類を職種といいます。

1 企業研究

就職指導室には企業からの貴重な情報や過去の就職に関するデータも豊富にそろっています。業界の専門雑誌や新聞に目を通すことも必要です。その業界では何が注目され，どのような企業が成長しているかなど，業界や企業の実態を知ることができます。業界の動向と業務や仕事について理解ができたら，それに添って会社を探します。

どのような企業があるのかという企業研究をするには，まず企業の会社案内，求人申込書などの資料や，インターネットで企業のホームページなどを利用して，企業の情報収集と分析・整理をします。その他，『会社四季報』，『海外進出企業総覧』，各種の就職情報誌や経済誌など参考資料は多数あります。自分にあった情報誌・参考書を見つけ，企業の内容とあわせてその業界のことを研究することです。

視野を広げ多くの企業について調べていきます。企業研究をしていくうちに「どの仕事にはどのような勉強が必要か」ということもわかってきます。この段階でも，周りの方々に相談することは大切です。

2 資料請求

業界や企業をある程度絞り込めたら，志望企業の採用に関する最新情報を入手するため，直接企業に資料請求を行います。資料請求の方法は2通りあります。まずインターネットで請求する場合，次に雑誌などについている「資料請

求はがき」を利用する場合があります。いずれも十分な注意が必要です。資料を請求した企業から送られてくる会社案内に説明会のお知らせやエントリーシートが同封されます。エントリーシートに自己PR，志望動機，小論文などを記入して送ると全員に会社説明会の電話予約カードなどが返送されます。説明会当日に業務内容の説明の後，希望者だけ残りその日のうちに筆記試験と面接が行われ，これが第一次選考となります。合同企業ガイダンスは，予約なしのところが多いですが，インターネットで受付，予約，取消，変更などすべてを行う企業も多いです。

興味のある企業には積極的に早めに対応することです。資料請求は企業との選考の第一関門です。どの方法でも的確に対処できるようにしておきます。

3 OB・OG訪問

大学の卒業生就職先名簿，ゼミ，サークルの先輩，親戚・知人などからOB・OGを探し，企業等を訪問して，仕事の内容や職場の様子を聞きます。実情を聞き，資料ではわからないことを知ることによって自分自身の目標がより具体的になります。

OB・OG訪問前に，企業に関する基本的な内容は徹底的に研究し把握しておきます。当日はその企業に関して自分で事前に調べることのできなかった質問事項をまとめ，また，志望動機や自己PRなど話題となるようなことを整理して訪問に臨みます。

◎訪問は直接，電話で相手の都合を確認してアポイントメントを取って訪問します。

◎アポイントメントの電話は勤務先にかけるので，始業開始の1時間後から午前中がよいでしょう（電話のかけ方参考）。

◎訪問当日はリクルートスーツを着用し，時間厳守が原則です。

◎先輩に会えたら，まず自己紹介をします。次に面談への感謝の気持ちを述べます。

◎着席後は就職ノート，筆記用具を用意しておきます。

◎話を聞いている間，大事なことはメモしていきます。

◎質問事項は仕事内容，職場環境，福利厚生，勤務時間，入社に臨む心構えなどを聞くことができればよいでしょう。

◎別れるときは，お話をしてくださったことへのお礼の言葉を述べます。

◎帰宅後，お礼状はその日のうちに書いて，翌朝投函します。

◎その会社に内定したら，電話で内定報告をし，指導のお礼を述べます。

◎入社式後は，「おかげさまで入社式を迎えることができました，今後ともご指導いただきたい」というあいさつにOB・OG所属部署を訪ねるか，当日夜，自宅あてに電話をします。

◎他社に決まったときも，手紙，または電話で「会社は別のところになりましたが，先輩として今後ともよろしくご指導くださいますようお願い申し上げます」というあいさつをします。

(4) 試験準備

一般的な選考手段として，書類選考・適性検査・筆記試験・論作文・面接・SPI等を実施する企業が増えています。その対策ができていることです。

1 提出書類

履歴書・成績証明書・卒業見込み証明書・健康診断書，企業によってはエントリーシートなどが審査対象になります。

履歴書の文字・書き方・志望動機が第一次選考となります。その取り組み方ができていますか。履歴書やエントリーシートを書く際に重要なことは，人事担当者がぜひこの学生に「会ってみたい」と思えるような，他学生とは一味違うものが作成できるように各自が工夫を凝らすことです。

学生の本分として「大学で何を学んだか」を明確にして自分の専攻した学業のことをわかりやすく書くこともポイントの一つです。また，学んだ結果「何を体得したか」を明記することも大切です。さらに「学業以外に学生時代に何に力を注いだか」も選考の対象となります。

履歴書は企業に自分をアピールする大切な手段であることを忘れないでください。

応募書類は，異なる企業に提出するので内容は同じでもよいと言うことでは

なく，毎回修正，補強を続け進化させていきます。写真や履歴書は数枚必ず用意しておきます。

（履歴書の書き方）

　履歴書はOB・OG訪問，会社訪問のときに必携の書類の一つです。

　書く文字量が限られているので要点を簡潔に書きます。履歴書の不備はイメージダウンにつながるので十分推敲します。

　履歴書は大学で指定のものがある場合は大学指定のものを使います。

　大学によって書き方は異なりますが，一般的に次の項目になります。

　氏名・連絡先・学歴，得意な科目・研究課題，学生時代に力を注いだこと，趣味・特技・資格，特徴，備考欄　などです。

　履歴書の基本の書き方について説明します。

〈筆記用具と文字〉

　筆記用具は黒インクの万年筆またはボールペン

　一字でも書き損じたら書き直す。修正液は使用厳禁

　文字は楷書で丁寧に書く。文字の大きさにも注意する

〈日　付〉

　日付は西暦ではなく，元号で表記する

〈氏　名〉

　戸籍どおりの文字表記（当用漢字・常用漢字）

　氏名や住所にフリガナと書いてあれば，フリガナはカタカナで書き，ふりがなと書いてあれば，ふりがなはひらがなで書く

〈押　印〉

　印鑑は就職活動が始まれば常時携帯する。朱肉を要するものを使用し印影ははっきり文字が読めるように，まっすぐ押す

　押印後は，朱肉がついて紙を汚さないように，ティッシュペーパーなどで抑える

〈性　別〉

　性別欄は○で囲むことが多い。○の書き初めと終わりを結ぶ

〈生年月日と年齢〉

生年月日も元号表記

〈写　真〉

スナップやスピード写真は厳禁

履歴書の第一印象は写真で決まる

就職活動用の服を着用　正面を向いたもの

前髪・目もと・口元に注意し・姿勢を正し，さわやかな表情で撮影をする

履歴書用紙のサイズに合わせる

はがれたときに備え，写真の裏に学校名・氏名を書く

はがれないように糊ではなく両面テープを使う

貼り忘れに注意

〈住所と郵便番号・連絡先〉

郵便番号は必ず書く。住所は一丁目2番3号の場合，一丁目までは漢数字で書く

　自宅外通学者は現住所とともに，帰省先を示す「連絡先」「休暇中連絡先」という欄が設けられている。自宅通学者は，「現住所以外に連絡を希望する場合のみ…」と添え書きがある「連絡先欄」に限り空欄ではなく，「同上」と書く

〈電話・FAX番号・Eメールアドレス〉

　自宅の電話やFAX番号を記入し，携帯電話やEメールで連絡が入ることも多いのでチェックが必要

〈学　歴〉

初めに，1行目の中央に「学歴」と書く

2行目は左端から元号で年月を書く。学歴は一般に高校からが多い

「○○県立○○○高等学校入学」そして，「○○県立○○○高等学校卒業」となる

学校名は正式名称に注意する

大学に入学した段階では，「○○大学経済学部経営学科入学」そして最後は，

「平成○年3月　○○大学経済学部経営学科卒業見込み」となる
　1行空けて，次の行の中央に「賞罰」と書く
　賞については，公的なものを書く
　最後の行は，右寄せで「以上」と書く

（自己紹介書）
履歴書の裏面が自己紹介書となっているのが一般的である
志望動機と自己PRは連動させてアピールしていく

〈免許・資格〉
国家資格と公的資格についてはすべて正式名称で書く

〈趣味・特技・得意科目〉
　上記はどれも自己アピールできる重要な項目です。読書，英会話などと単語を並べるだけの抽象的PRでなく，すべて具体的に書く。趣味や特技，得意科目などは，できるだけ仕事に関連したものを記述する。さらにどのように実践に役立てることができるかを具体的に書いて自分を印象づけ，「会ってみたい」と言われる工夫が必要

〈志望動機〉
　会社案内などを読んで丸写しをするのではなく，なぜその企業を志望したのかを具体例を挙げ自分の言葉で書くことが大切

（封筒の書き方と切手の扱い）
①　便箋と封筒の表書きの書き方は統一する
②　郵便番号は枠内に正確に書く
③　住所は郵便番号が書いてあるので都道府県名は省いてよい
④　縦書きの場合，封筒の右端から2cmほど左に寄せたところに住所の1行目を書く
⑤　2行目は1字下げて書き始める。名前は中央に来るように書く
⑥　企業名は省略しない。例えばJR東海は「東海旅客鉄道株式会社」と書く
⑦　株式会社は略して（株）とはしない。株式会社は前に来るのか，後に書くのか注意が必要。例えば，「株式会社三越」であり，三越株式会社では

ない
⑧ 部署名は正確に書く。あて先が団体あてのものは企業名の脇に「総務部人事課 御中」となり，個人名が入った場合には「総務部人事課 山田太郎様」となる
⑨ 糊で封をする。セロテープやホッチキスでとめない
⑩ 切手は料金不足とならないように重さを量り確認
⑪ 切手は上下を間違えないよう，まっすぐ貼る

(エントリーシートの書き方)

エントリーシートが企業側でどのように評価されているかの一例を挙げます。

従来からある履歴書による一次書類選考にさらに郵送やインターネットで自己PRを書いたエントリーシート（応募用紙）が加わり，今では多くの企業がメールエントリー方式を導入しています。

「エントリーシート」は，百社あれば百様，各企業独自の質問事項となっています。

したがってエントリーシートには統一されたものはありません。

それは企業によって求める人材の資質及び判断基準が異なるからです。

いずれにしても各社共通の狙いは，「多才で専門性の高い即戦力になる人材」の獲得にあります。企業研究ではこのような選考のポイントを知ることです。

参考までに著名企業10社が過去に求めたエントリーシートに書き込むテーマと選考のポイントを記しました。

面接やエントリーシートでは多様な質問が出ています。志望する企業をイメージして下記の質問例について100字以内にまとめ筆答し，さらに口答できるように練習しておくとよいでしょう。

〈多様な質問事項例〉
1 当社のどのような点に興味を持っていますか
2 あなたのセールスポイントを述べてください
3 志望動機を書いてください
4 なぜ当社に入りたいのですか

8 就職活動のはじめに

5　入社してやってみたい仕事は何ですか
6　当社の中で取り組んでみたい仕事とその理由
　　その中であなたのどのような能力や意欲が生かされますか
7　あなたの職業人としての将来の夢を聞かせてください
8　学生時代の経験からどのようなことを実現したいと思いますか
9　学生時代に力を入れたことは何ですか
10　これまで最もチャレンジしたこと
11　あなた自身の強みは何ですか
　　それを表す具体的なエピソードをお書きください
12　どんな状況でどんな風にがんばってそれを次にどう生かすかを聞きたい
13　最近一番印象深い社会現象は何ですか
14　今後業界がどう変化していくか考察してください（志望業界）
15　あなたの人生で最も印象に残っていること
16　あなたにとって魅力的な人とはどんな人
17　就職にあたって考えたことの中で大切だと思っているポイントとその理由
18　これまで一番つらかったことをどう克服しましたか

テーマ	選考のポイント
自由テーマ・A4判4枚以内	当社に貢献できるかどうか
今まで熱心に取り組んできたこと	今後それを社会にどう活かしたいか 人柄や考え方を推測し面接の判断材料とする
学生時代の経験や専門性をどう生かしたいか	変革を担える，自己実現の意欲が高い人
きたるべきビッグバンに備えるため金融業界は何をすべきかなど	（公表せず）
ゼミ研究テーマの概要，など3点から選択	専門性や考え方が当社のニーズや適正にマッチしているか
これからやりたいこと，今までやってきたこと	成果を出せる人かどうか
10年後のありたい自分・なりたい自分	大きな夢を持ち，人情の機微を理解しているか。創造できる人か
未定	いかに自分で考えて書いているか，文章から読める学生の個性を見ていく
未定	着想，論理性，文章構成力
オリジナリティを自由に表現する	常識にとらわれず，自分らしく生きているか

履歴書を書いてみよう！

履歴書　　　　　　　　　年　　月　　日現在

ふりがな	やまだ　はなよ	※男・**女**
氏名	山田 花代	印

生年月日	平成〇年 〇月 〇日生 （満 〇歳）

ふりがな	とうきょうと　ちゅうおうく　やえす
現住所 〒123-4567	東京都中央区八重洲一丁目1-1
電話など	03-3456-7890

ふりがな	
連絡先 〒	（現住所以外に連絡を希望する場合のみ記入）　方
電話など	

写真をはる位置
写真をはる必要がある場合
1. 縦 36〜40 mm
　 横 24〜30 mm
2. 本人単身胸から上
3. 裏面のりづけ

年	月	学歴・職歴（各別にまとめて書く）
		学歴
平成〇	4	〇〇県立〇〇高等学校入学
平成〇	3	〇〇県立〇〇高等学校卒業
平成〇	4	〇〇大学〇〇学部〇〇科入学
平成〇	3	〇〇大学〇〇学部〇〇科卒業見込
		職歴
		なし
		以上

年	月	免 許・資 格
平成 ○	○	日本商工会議所主催日商簿記検定1級取得
平成 ○	○	財団法人日本英語検定協会主催英語検定1級取得
平成 ○	○	財団法人実務技能検定協会主催秘書検定2級取得
平成 ○	○	普通自動車第一種運転免許取得
平成 ○	○	中学校教諭2種（国語）免許取得見込

志望の動機
自分の専門とすることが企業のどの部署でどのように活かされ貢献できるかを述べる。

スポーツ・クラブ活動・文化活動などの体験から得たもの
- なぜそのスポーツやクラブを選択したか
- どのような努力をし、どのような結果がでたか
- そこから何を得たか

特技など
例　ピアノ, 書道初段, ペン習字1級, マジック

本人希望記入欄（特に給料・職種・勤務時間・勤務地・その他についての希望などがあれば記入）
例　職種：事務, 営業, 企画, 教育
　　勤務地：関東エリア

通勤時間	扶養家族数（配偶者を除く）	配偶者	配偶者の扶養義務
約 1 時間 0 分	0 人	※有・㊇無	※有・㊇無

採用者側記入欄（志望者は記入しないこと）

履歴書を書いてみよう！

履歴書　　　　　　　　　　　　年　　月　　日現在

ふりがな		※男・女
氏　名		印

写真をはる位置

写真をはる必要が
ある場合
1. 縦　36 〜 40 ㎜
　 横　24 〜 30 ㎜
2. 本人単身胸から上
3. 裏面のりづけ

生年月日	年　　　月　　　日生　（満　　歳）

ふりがな	
現住所 〒	
電話など	

ふりがな	
連絡先 〒	（現住所以外に連絡を希望する場合のみ記入） 　　　　　　　　　　　　　　　　　　　　　方
電話など	

年	月	学歴・職歴（各別にまとめて書く）

年	月	免 許・資 格

志望の動機

スポーツ・クラブ活動・文化活動などの体験から得たもの

特技など

本人希望記入欄（特に給料・職種・勤務時間・勤務地・その他についての希望などがあれば記入）

通勤時間	扶養家族数	配偶者	配偶者の扶養義務
約　　時間　　分	（配偶者を除く）　　人	※ 有 ・ 無	※ 有 ・ 無

採用者側記入欄（志望者は記入しないこと）

コクヨ

次はエントリーシートを書いてみよう！

エントリーシート

記入日	平成　年　月　日		
ふりがな		性　別	男・女
氏　名			
生年月日	西暦　年　月　日生（満　歳）		
学校名		卒業(予定)年	西暦　年3月
学部名		学科名	
ふりがな 現住所	〒　－		
電話番号	－　－	携帯電話	－　－
E-mail	（自宅）　　　　　　（携帯）		
ふりがな 帰省地	〒　－		
電話番号	－　－		

演習・ゼミ	
クラブ活動 サークル活動	高校 大学
学外活動 アルバイト	
免　許 資　格 特　技	
自覚して いる性格	
趣　味	
健康状態	

弊社に関心を持った理由（志望動機）を記入してください。

あなたの長所と短所は何ですか。

あなたがこれまでに一番感動したこと、又は心に残っていることを教えてください。

弊社に入社したら、どのようなことをしたいですか。

あなたが学生時代に打ち込んだこと、それにより学んだことは何ですか。

2 適性検査

　適性検査と国語，数学を中心とした筆記試験があります。適性検査は近年SPI（synthetic personality inventory）が多くの企業で採用されています。面接前の企業訪問や就職セミナー時に行う企業などもあります。大学でも一連のガイダンスの中で適性検査やSPI模試を行うところも増えています。SPIの特色をつかんで事前に体験しておくことは必須です。

3 筆記試験

　筆記試験は企業によって異なりますが一般常識，語学，専門科目の試験があります。一般常識の試験では，漢字の読み書き，ことわざ，計算問題のほか，時事用語や経済用語の解読，業界についての知識を問う問題など広範囲に出題されます。基礎的な知識について，日ごろからニュースや新聞などで意識的にチェックをしておくとよいでしょう。

4 小論文・作文

　小論文は与えられた課題に対して自分の意見を述べるものです。出題の意図をよく理解して，「序・破・急」すなわち序論，本論，結論と構成を三段階に

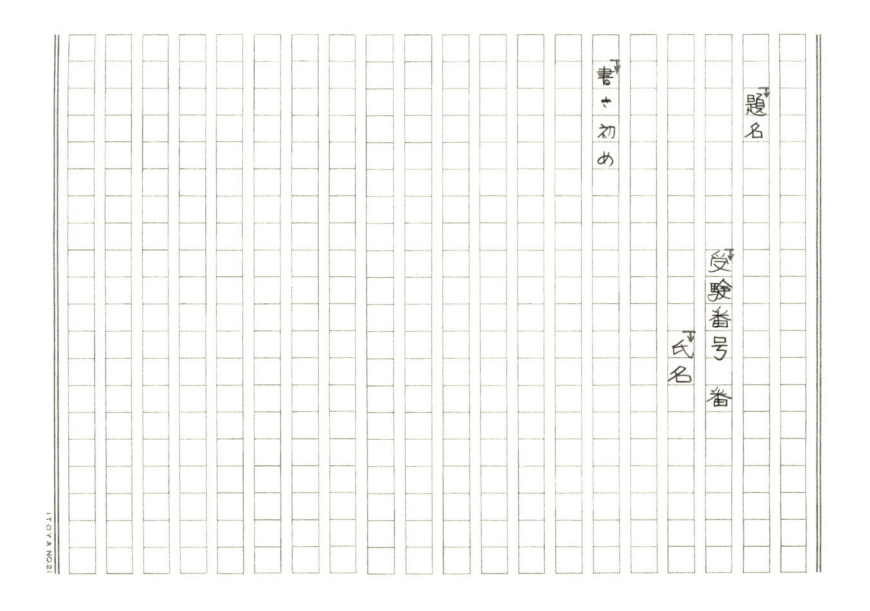

して論理的に展開させていきます。
　新聞の社説や随筆などを読み，ふだんから自分の考えをまとめ，わかりやすい文章で表現できるようにしておきます。また，過去の出題例などを参考に原稿用紙800字以内でまとめ推敲してみましょう。大切なことは書くことに慣れることです。

5 面接

　面接は個人面接，集団面接，集団討議（グループディスカッション）があります。事前に行った適性検査（SPI）の結果をもとに面接を行う企業が増えてきています。面接は，面接時の礼儀と表現力が求められますので，ありのままの自分を心掛けます。それには自分の言葉で表現することです。マニュアル本の受売りでその場を取繕うような考えはあってはならないことです。
　事前に，予想される質問について自分の答えをノートにまとめておくとよいでしょう（よく聞かれる質問例参考）。
　どのような質問にもあわてずに冷静に，明るくはっきりと答えていくよう心掛けます。

(5) 企業訪問

　資料だけでは読み取れない企業の活動状況，社風，雰囲気などは自らの目で確認します。担当者にアポイントメントを取り，生の情報を直接聞くことにより，具体的に判断ができます。訪問の際は面接を受けることを想定しての心の準備が必要です。

(6) 会社説明会（セミナー）

　第一志望の会社説明会には必ず出席します。それは説明会当日にエントリーシートの提出や適性検査を行う企業が多くあるためです。必ず前年のその企業の就職情報などをリサーチして臨むことです。
　説明会の日時は，学内就職課の掲示板や新聞，情報誌に掲載されたり，資料請求により送られた会社案内に同封されていることもあります。また，ホームページやEメールで参加申込みを受付けている企業もありますので細やかなチェックが必要です。

企業によっては事前にエントリーしてEメールアドレスを登録しておきます。その後，採用案内はEメールで予約専用画面（WEB）にログオンして参加予約をします。取り消し・変更についても同様です。

　合同企業ガイダンスなどは予約はありませんが，上記のように多くの企業ではパソコンを利用してのエントリーが普通になりました。一般的なパソコン操作がここで求められています。パソコンを駆使できることが，応募条件の一つでもあります。

(7) 採用内定

　内定の連絡は企業から，あなたの携帯電話に直接通知されるケースが多くなってきました。このとき必ず相手の所属と名前を確認しておきます。後日，正式通知が文書で届きます。

　複数の内定を受けた場合，一社に絞って他は早急に辞退します。

(8) 入社承諾書提出（企業）

　承諾書は提出したら原則的に取り消すことはできません。

(9) 就職活動終了

　内定を得てほっとするのも束の間，企業側では入社後即戦力となるために内定時から入社までの間，多様な課題を与えるようになりました。

　例えば，秘書検定の2級取得，TOEICスコア700点以上，業務上の必要性からの資格取得，金融関係専門検定試験，専門用語のマスターなど職務により様々です。入社してから取得可能なものもありますが，時間に余裕のある学生時代に取得することを勧めます。

9 就職面接のマナーと自己PR

面接はお見合いと同じです。相手にどのくらい自分を社員として気に入ってもらえるかが面接の決め手です。それには自分が相手（志望企業）をどれほど高く評価しているか，気に入っているかを熱意を持って伝えられるかがポイントとなります。したがって今から，自分磨きをしていかなければ間に合いません。魅力ある企業には魅力ある人が集まるからです。

面接は自らの魅力をプレゼンテーションできる場です。

その企業のどの部署で，自分をどのように生かし，貢献できるかということをわかりやすく伝えることがポイントです。実力を発揮しましょう。

1　自分の言葉で自分の魅力を語ることが求められる

言葉遣いは自己表現です。

丁寧にはっきりわかりやすく，声の大きさ，速度も軽やかに，笑顔を添えて，生き生きと話しましょう。大切なことは，自分の言葉で話すことです。自分の言葉とは，マニュアルなどを暗記することではなく，自分の考え，思いを話します。

2　第一印象を決めるポイント：外面・内面

第一印象となる，誰からも好感を持たれる望ましい資質には，非常に多くの

服　装	清潔感のある服装 髪・顔・靴・かばんなど身だしなみに注意
表　情	明るい表情を心がける　微笑を忘れずに 自信のなさは顔にでる
姿　勢	背筋を伸ばしてあごを引く 椅子には深くかけない
視　線	きょろきょろせず，相手の目を見る 目を伏せない
手	男性は指を揃え両腿の上にハの字におく 女性は指先を揃え軽く重ねる
足	かかとを付け，つま先は握りこぶし一つ分開く
言葉遣い	自分の言葉で，相手に届く大きさの声で，ゆっくり語尾まではっきり話す

要素が含まれています。その判断の基準となるのが，身だしなみ，表情，姿勢，言葉遣いなどの礼儀作法です。礼儀の心と作法の動作が身につき表現されたとき初めて，好感の持てる人となります。

3　面接の流れと留意点

面接は自宅や学校を出たときから始まっています。面接に向かう会場までは気を緩めることなく，また会社に到着後は社内ですれ違う方には会釈をします。

〈受　付〉

受付であいさつの後は「学校名」「氏名」を告げ，控え室で待ちます。控え室では声高な会話や携帯電話の使用はしません。

〈入　室〉

ドアは2，3回ノックをして，中からの返事を確認してから入ります。

ドアを閉めて面接官に向き直り「失礼いたします」と会釈をします。

椅子まで進み，椅子の左側，もしくは入口に近いほうに姿勢を正して立ち，「〇〇大学経済学部経営学科　山田花代と申します。よろしくお願いいたします」と一礼します。面接官に「どうぞお掛けください」と言われてから会釈をして着席します。姿勢を正し，面接官のほうを向きます。

〈面　接〉

　面接では心身ともに健康であることをアピールすることも大切です。

　どのような質問がきても冷静に，明るくハキハキと，笑顔を心掛けて面接に臨めば，よい結果が出ます。そして視線は相手の目を見て話すことが大事です。

　マニュアルなどにとらわれることなく，自分の考えを自分の言葉でわかりやすく話すことです。言葉遣いや立ち居振る舞いは平素の積み重ねにより培われた日常生活の印象が問われるのです。

〈退　室〉

　面接官から「これで終わります」と言う言葉があれば，椅子から立ち上がり椅子の横に立って「ありがとうございました」と一礼します。

　面接官に背を見せないように，入口に近いほうの足を引き，向きを変えドアに向かいます。ドアの前で面接官に「失礼いたしました」と会釈してドアを開け静かに退室します。

4　面接で「あがらない」ために

　私たちは大勢の人の前でスピーチをするとき，また面接や改まった場で話をするときなどは，緊張し，声がうわずったり，思うように表現できなかったりという，いわゆる「あがる」現象を体験することがあります。面接の際，十分に準備してきたのに頭が真っ白になり何を言ったか覚えていないといった学生もいます。手が震え，胸が早鐘のようにドキドキし，パニック状態になることもあります。どうすればこの「あがる」という心理状態を克服できるでしょうか。恐らく決定的な方法はないでしょう。

　参考までに5つの対策方法をあげます。どれが最も自分に効果的か，自分なりの克服法を見つけてください。

(1)　十分な準備

　面接時に聞かれるであろう想定される質問に答えを準備しておくことが最も重要です。全く準備せずに面接に臨めば「あがらなく」とも結果は期待薄です。準備なしに良い結果は生まれません。「よく聞かれる質問」を徹底的にマスターし，回答できるよう準備することで面接の80％は成功です。

(2)　腹式呼吸

　腹式呼吸を何回かする。意識してゆっくり行います。頭が少しずつ落ち着くことが自覚できるでしょう。腹式呼吸とはまず息を吐く。息を吐くと腹部がへこみます。次に鼻から長く息を吸い込みます。腹部は膨らみます。この動作を何回か続けると心は落ち着いてくるでしょう。

(3)　「私はできる！」と暗示をかける

　「自分のことをよく見せよう」「かっこよく質問に答えよう」「面接官は自分のことをどう思うだろう」など自分のことを必要以上に意識すると「あがり」ます。「よく見せよう」「質問に完璧に答えよう」と思う気持ちを他のことに切り替えます。例えば "I can do it"（私はできる）と心の中で何回も唱えましょう。その英語に気を取られ「あがって」いることを忘れられれば成功です。

　また「できる，できる」と自分に暗示をかけると心が落ち着くものです。自分に暗示をかけましょう。

(4) 「ありがとうございます」という言葉

　心理カウンセラーの野坂礼子氏によると「ありがとうございます」という言葉は単なる感謝の気持ち以上に不思議な力を持っているのだそうです。「ありがとうございます」と言われて悪い気はしませんし，「ありがとうございます」と口に出しても気持ちのよいものです。「今日この面接に元気で来ることができ，ありがとうございます」「たとえ完璧にできなくてもこの面接を受けるチャンスが与えられありがとうございます」とプラス思考でイメージし，「ありがとうございます」を何回か心で唱えていると，自分があがっていることを忘れます。そして感謝の気持ちで面接を受けることができるでしょう。そうするとあなたの自然なありのままの姿を面接官に見せることができるのです。

(5) 楽しく面接を受けている自分をイメージする

　楽しくすらすらと質問に答えている自分をイメージします。自分の成功場面を想像することに誰の許可もお金も要りません。成功している姿を思い描くと心と表情に余裕が出てきます。答えにくい質問にも余裕をもって対応できるでしょう。良いことをイメージしましょう。

　以上5点「あがる」克服法を述べましたが，自分に合った方法を試してはいかがですか。最初にあげた「十分な準備をする」ことは誰にも当てはまる克服法です。

5　よく聞かれる質問例とヒント

　質問に対しての回答を暗記するのではなく，質問を正確に理解して的確に答えることです。質問の背景を理解して何がポイントになるかを考えることが肝要です。表1を参考にして表2に臨みましょう。

表1

例：自己PRについて	例：志望動機について
アピールしようと思っている能力 ↓ それを裏付ける具体的なエピソード ↓ その中で自分が果たした役割 ↓ どのように役立ったか	企業・業界のどのような点に魅力を感じたのか ↓ なぜその点に魅力を感じたのか ↓ 企業の将来はどのようになると予想しているのか ↓ 企業で自分はどのように活躍したいのか

表2

よく聞かれる質問	回答のヒント及びポイント
今日は何時に家を出ましたか	時間感覚があるかどうかが問われる
ここまでどの位かかりましたか	
あなたの長所について自己PRしてください	自己分析ができているか，長所，短所を把握しているかが問われる
あなたの短所は何ですか	短所は長所につながる回答にする
あなたの特技や特にアピールしたいことはありますか	差別化できる得意分野があるか，自分にしかない特徴・持味は何か
最近関心をもった社会的出来事はありますか	自分の意見がしっかり言える新聞記事やニュースを述べる
授業以外にとくに力を入れて打ち込んだものはありますか	自治会活動，ボランティア活動，クラブ活動，大学祭行事，免許・資格取得のために学んだものなど
学生時代最も影響を受けた人はいますか	誰から，どのような影響を受け，それにより自分はどう変わったか
これからの仕事に生かせることは何ですか	営業職であればマーケティングの心理学，プレゼンテーション力，事務職であればビジネス実務，取得した免許・資格等，仕事への姿勢を話す
当社を希望された理由は	企業研究した内容を自分のキャリアに繋げるもの
当社に入社したら，どんな仕事がしたいですか	大学で学んだこととリンクするような仕事（研究部門，営業部門，経理部門等）
会社に何が貢献できますか	自分の得意とする分野での業務
将来の進路をどう考えていますか	自分の職務に繋がるキャリアプラン
最後に質問はありますか	キャリアを充実させるような海外，国内留学制度の有無など

6　就職活動のまとめと心構え

　すでに始まっている先の長い就職戦線，中身で勝負できる人となることです。
　就職活動も大事ですが，大学で学ぶことの重要さを認識して授業に臨んでいただきたいと思います。卒業できない→就職できないとならないよう，何をおいても学業優先，自分を見失うことなく活動していきましょう。

9 就職面接のマナーと自己PR

先輩に聞く「就職活動時困ったこと」	解　決　策
1　暑い中スーツを着て歩きまわったため汗をかいた	途中は上着を脱ぎ会社の近くまで行ったときに上着を着る。
2　昼食時にかかったときの昼食は	ファーストフードなどで手早くすます。
3　時計を忘れてしまった	試験や面接時までは携帯電話を使う。
4　グループ討論で何を言えばよいか迷った	例え反対意見を言われても自分の意見を述べる。根拠があればよい。
5　ヒールのある靴が足に馴染まず，まめができ痛んだ	試験・面接日までにはき慣らしておく。
6　夏場冷房がきつく体調をくずした	体が冷えないような日ごろの生活習慣を心掛ける。当日一枚羽織るものやスカーフを持って自分の番が来るまで着用する。
7　途中雨に降られ傘がなく濡れてしまった	会社のトイレで頭，服をハンカチなどで拭き服装を整える。
8　ストッキングに伝染がはいった	かばんにストッキングの予備を入れておき途中で履き替える。
9　試験会場へ行く道がわからず探しまわった	下調べをしておき，当日は時間的余裕を持って家を出る。下見をすることも大事。
10　グループ討議の円卓のどこに座ればよいかわからなかった	会場に入った順に奥から座る。
11　履歴書の趣味や特技で深く質問され答えられなかった	読書などの趣味の場合は好きな作家，最近読んだ書名を言えるようにしておく。好きになった理由や読んだ感想も答えられるようにしておく。
12　会社のロビーで会う人に会釈は必要か	ロビーで椅子やソファーに座るときは隣りの人に会釈する。
13　会社説明会に行ったその日に一般常識テストや面接があった	想定外のことが起こることの備え，常に万全の準備をして出かける。
14　電話で自分の名前，住所を聞かれ，漢字で説明できなかった	自分の名前や住所は漢字でどのように書くのか説明できるようにしておく。
15　交通機関等の事故で大幅に試験に遅れてしまうことがわかってあわてた	他のルートで会場に行く方法を考えておく。会場には事故で遅れる旨知らせる。
16　就職活動のスケジュールを入れすぎ疲れた	志望する会社をしぼり，計画的に行動することは体力的，精神的にもよい。

Ⅲ　就職活動後の心得

1　企業とのコミュニケーション

1　内定承諾書の送付

　内定が決まり企業から内定の書類が届きます。その企業に就職することを承諾しますという「内定承諾書」を返送します。

　「内定承諾書」に黒インクの万年筆かボールペンで丁寧に氏名，住所など必要事項を記入し押印します。内定を受けたからもう安心と思わず，心を込めて丁寧に書きましょう。

　返信用封筒に「内定承諾書」だけを入れて返送しますか。このときあなたの企業での実務能力が試されています。あなたへの最初の評価です。実社会でスムーズに実務が行えるかどうか，入社時からそれを指導しなければいけないのかの評価がなされます。現在の不況の中，新入社員に実務を初歩から教えるほど企業に人材の余裕はありません。企業で働くということは，そのような実務の基礎はすでに学生時代に身に付けていると期待されています。学生時代にマスターしましょう。

　「内定承諾書」とともに，4月から入社する気構えや熱意を込めたあいさつ状を添えましょう。人事担当者が開封したとき，一通の手紙が入っているのとないのとでは，今後仕事をする上で，この社員は気遣いができる人間かどうかや実務能力の有無を判断されるポイントになります。

　また内定式への出席の返事等をする場合もあります。そのようなときには「内定式へのご案内をありがとうございます。喜んで出席させていただきます」など一言添えると受け取る企業側も気持ちが良いものです。

　返信用の封筒には「○○会社　人事課行」と書いてあるものは，その「行」の文字を縦書きであれば縦2本線，横書きであれば横2本線で消し，「御中」と書きます。個人名が書いてあれば前記同様「様」に直します。

「内定承諾書」送付例

拝啓 ○○の候、貴社ますますご○○のこととお喜び申し上げます。
さて、このたびは貴社の入社試験に応募させていただきましたところ、内定通知をいただき誠にありがとうございました。家族ともども喜んでおります。
また本日は「内定承諾書」を拝受いたしました。署名押印のうえ同封いたします。貴社のご期待にそえますよう、卒業までに更に社会人としての基本を身につけるよう努力してまいります。今後ともご指導のほど、よろしくお願い申し上げます。
まずは、「内定承諾書」のご送付と御礼申し上げます。

敬具

平成○○年○○月○○日

○○大学○○学部○○学科
山田 太郎

○○商事株式会社
人事部人事課
課長 ○○○○様

内定式への出席の返事の例

拝啓 ○○の候、貴社ますますご○○のこととお喜び申し上げます。
さて、このたびは内定式へのご案内をありがとうございました。喜んで出席させていただきます。○月○日○時に会場へ間違いなく参ります。他の内定者のかたがたや社員の皆様とお目にかかれることを楽しみにしております。
今後ともご指導賜りますようお願い申し上げます。

敬具

平成○○年○○月○○日

○○大学○○学部○○科
山田 太郎

○○商事株式会社
人事部人事課
課長 ○○○○様

封筒の表書例

（表書き）

〒1234001

東京都○○区○○町一丁目一二
○○商事株式会社
人事課
御中

（裏書き）

〒□□□
東京都中央区八重洲一丁目二─三
山田 太郎

2　企業からの電話応対

　内定が決まると，企業から電話が入り，返事をしなければならないなど企業との接触が頻繁になります。最近ではこれらの連絡が携帯電話を利用することも多くなってきました。企業の代表電話番号や人事課のダイヤルインを登録しておきましょう。また，確認できない相手からの電話には出ないという人が増えています。企業名の登録を忘れ，企業からの電話に出なかったため，就職のチャンスを逸してしまったというケースもあります。万全の対応を心掛けましょう。

(1)　電話の受け方

　「〇〇〇〇でございます」と企業対個人のビジネスライクの受け方をします。友人同士のような受け答えでは失礼です。その他「かしこまりました」「承知いたしました」等の会話ができるように練習しておきます。

　授業中に企業から電話がかかることもあります。授業中は基本的には携帯電話は電源を切っていますから，もし企業から電話がかかる予定の場合，前もって担任の教員に「企業から就職についての電話がかかる可能性があります。すみませんが携帯電話をマナーモードにし，電話がかかってきたときは中座させてください」とことわっておきます。また電車の中で電話がかかることもあります。そのような場合は「ただいま電車の中ですので後ほどお電話差し上げます」と断りましょう。電話をかけてきた人の名前を必ず聞きましょう。「失礼ですがお名前は」などと確認をして二度手間にならないようにします。

(2)　電話のかけ方

　「このたび内定をいただきました〇〇大学〇〇学部4回生の山田太郎と申します」など企業で電話の主が誰かすぐにわかるような名乗り方をします。「過日ご連絡をいただきました研修日につきまして，急な〇〇の用事と重複いたしまして，出席できなくなりました。誠に申し訳ございません」などと用件をはっきり伝えます。

3　内定を断る際の文書

　学生によっては複数の企業から内定をもらうケースがあります。そのような

場合，体は一つですから一社以外は断らなければなりません。この場合の対応があなたの人柄を決める大事なポイントとなります。丁寧で誠実な断りの書簡が必要です。自筆で縦書きにします。電話で「そちら様の会社はお断りいたします」というような礼儀のない断り方をすると，この大学は礼儀の知らない学生が多いと思われ，次年度の募集を見合わされるケースもあります。

　今後就職を希望する後輩に迷惑をかけることのないよう，十分に注意しましょう。自分だけの問題ではないことを自覚します。

内定断りの文書例

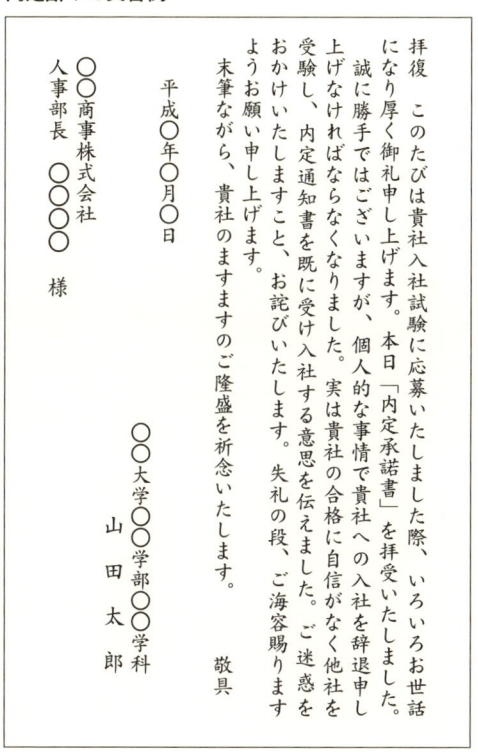

拝復　このたびは貴社入社試験に応募いたしました際、いろいろお世話になり厚く御礼申し上げます。本日「内定承諾書」を拝受いたしました。誠に勝手ではございますが、個人的な事情で貴社への入社を辞退申し上げなければならなくなりました。実は貴社の合格に自信がなく他社を受験し、内定通知書を既に受け入社する意思を伝えました。ご迷惑をおかけいたしますこと、お詫びいたします。失礼の段、ご海容賜りますようお願い申し上げます。

末筆ながら、貴社のますますのご隆盛を祈念いたします。

敬具

平成〇年〇月〇日

〇〇商事株式会社
人事部長　〇〇〇〇　様

〇〇大学〇〇学部〇〇学科
山田　太郎

4 研修, 案内等の返信

いったん内定が決まると研修や内定者の交流会など, 様々な案内が届きます。その際の返事の仕方が職業に就く実践の第一歩と心得ましょう。同期の社員は「同期の桜」と呼ばれ大事な仲間であり, 同時にライバルでもあるのです。仲間に差をつけられないように努力しましょう。

どのような案内にも出欠に関わらず返事は必ず出します。

(1) Eメールや携帯メールからの返事の仕方

Eメールや携帯メールは紙の書簡より簡略化されています。しかし相手の企業名, 役職名, 名前はビジネス文書と同様に入力します。拝啓, 敬具等の頭語, 結語, 時候のあいさつ等は不要ですが, あまり事務的に返信すると相手に良い印象を与えません。「研修のご案内をいただきありがとうございました」程度のあいさつ文は添えたいものです。

研修の出欠を正確に伝え, 欠席の場合は相手側が納得する理由を述べましょう。単に友人と約束があるからというのでは理由になりません。そのような理由では, 今後の就業態度を疑われます。これから就職する会社と友人との約束のどちらを優先するか, 現在の自分の立場を理解しましょう。

Eメールまたは携帯メールでの返事の例

```
○○工業株式会社
 人事部人事課
課長　○○○○様

○○大学○○学部○○学科の山田太郎です。
　第1回内定者研修のご案内をいただきありがとうございました。出席いたします。
○月○日○時までに○会場に参ります。
　よろしくお願い申し上げます。

　取り急ぎ返信まで。
以上

○○大学○○学部○○学科
　山　田　太　郎
```

(2) 書簡で返事をする仕方

内定者といえども正式な社員ではありません。礼儀に則った文書で返事をしましょう。

日付，頭語，結語，時候のあいさつ等を忘れず正式な文書にして返信します。この様式は学生時代に習得し，迷わず書けるようにしておきましょう。一度覚えると応用が利きます。

書簡での返事の例

　　　　　　　　　　　　　　　　　　　　　　　　　　平成○○年○月○日

○○商事株式会社
　人事部人事課
　課長　○○○○様

　　　　　　　　　　　　　　　　　　　〒123－4567
　　　　　　　　　　　　　　　　　　　東京都○区○町○丁目○番
　　　　　　　　　　　　　　　　　　　○○大学○○部○○学科
　　　　　　　　　　　　　　　　　　　　　　山　田　太　郎

拝啓　○○の候，貴社ますます○○のこととお喜び申し上げます。
　さて，本日は「内定式」のご案内をいただきありがとうございました。喜んで出席させていただきます。○月○日○時までに会場に参ります。
　内定者のかたがた，社員の皆様とお目にかかれますことを楽しみにいたしております。
　今後ともご指導のほどよろしくお願い申し上げます。
　　　　　　　　　　　　　　　　　　　　　　　　　　　　　敬　具

5　入社までの準備

　内定から卒業までの過ごし方が入社後に反映されます。内定後は卒業することと遊ぶだけというような安易な気持ちでは就職してから他の同期の社員と差がつきます。入社後実際の仕事についていけない可能性もあります。

　また企業から研修の案内や4月までに提出しなければならない書類等が届きます。さらに小論文や読書感想文，専門用語の勉強を義務づけられることもあります。女子学生には秘書検定2級を取得するようにと言われたケースもあります。4月に入社するときは，即戦力に近い力を発揮できるよう準備が必要です。

　企業によっては2～3月にかけてアルバイトで出社してほしいという要請もあるようです。内定後は，職業人としての心構えを持ち自分の気持ちを高めていくように努力します。

Ⅳ 職業人の心得

1　職業人の心構え（1）

1　就業時間とあいさつ

　始業時間ギリギリに息を弾ませて汗をかきながら出社するのではなく，十分な時間的余裕をもって出社するようにします。新入社員のころは遅くとも始業時間30分前には出社します。他の社員が何時ごろに出社しているのかも観察します。職場で朝初めて出会う上司や社員には「おはようございます」と朝のあいさつを忘れないようにします。

　退社するときに上司が残業をしている場合，「お先に失礼してよろしいでしょうか。何かお手伝いすることがございますか」と伺ってから帰るようにします。また先輩・同僚にも「お先に失礼します」のあいさつを忘れないようにします。

　一杯のお茶を飲む余裕をもち「今から実力を発揮するぞ」というような意気込みをみなぎらせて仕事に入りましょう。余裕はあなたの潜在能力を引き出すきっかけにもなります。

　終業時も短距離走者のように，チャイムと同時にダッシュして帰るのではなく，チャイムがなってから帰り支度をします。特別な用事があるときは上司や同僚に前もって伝えておきます。女性社員はチャイムがなってから，化粧直しをします。「○○さんはいつも終業時間30分前ぐらいからトイレに立ち，化粧直しに行く」と。どこで誰が見ているかも知れません。社員の目は厳しいです。

2　先輩への敬いの心を忘れずに

　新入社員にとって，職場の同僚であっても同期以外は，たとえ年齢が若い社員でも先に入社していれば先輩です。先輩には何かと指導や教えを受け，協力してもらうことが多いので，敬意を表し接することが大切です。些細なことでも忙しい業務の合間に教えてもらうのですから「ありがとうございます」や「助かりました」とお礼の言葉を忘れずに述べます。

このような基本的マナーを実践することが職業生活を続けていく上で，人間関係を豊かにしていくコツなのです。毎日の小さな心の交わりの蓄積によりいざというときに，お互いに助け合う精神が発揮されます。

3　社員の呼称

年齢の若い社員に声をかけるとき，「○○ちゃん」や「○○君」と友達言葉で呼ばないようにします。「○○さん」とビジネスライクに呼びます。

また女性社員を「総務のあの子」と子供扱いする呼び方は避けます。「○○さん」と呼ぶ習慣をつけましょう。しかし，外資系企業では「ジョン」や「パティー」とファーストネームで呼び合うこともあるかもしれません。その企業風土にあった呼び方に従うのがよいでしょう。

気をつけたいのは親しく仕事をしている職場仲間での友達同士のような言葉遣いです。社会人としてふさわしい言葉遣いを心掛けます。

4　ミス（失敗）について

人間はときにミスをします。ミスを一度もしない人間はいないでしょう。しかし同じミスは二度しないことです。新入社員はその企業の習慣に慣れないことや，若年ということで常識にも疎いかもしれません。したがってミスをすることがあるでしょう。ミスをした際に素直に認め，謝り，今後同じミスを起こさないことが大事なのです。「申し訳ございませんでした。以後気をつけます」と素直なお詫びの言葉が大事です。

ミスを一つのチャンスと捉え，同じミスをしない対策をどのように講じるかがあなたの今後の評価に繋がります。ミスを悩み落ち込むだけでは人間は成長しません。悩む時間があれば考えましょう。どのようなミスであれ，善後策を立て現状を改善することです。このように考えればミスはあなたの成長を促す貴重なチャンスです。ミスを肯定的に捉えましょう。

5　叱られることは「見込みがある」と判断　感謝して受けよう

職場でミスをした場合，上司から指摘され叱られることが多々あります。それはミスに繋がったあなたの言動や業務結果を指摘し，叱っているのであって，人格まで否定しているのではありません。入社1週間目で上司が新入社員を叱

ったところ，会社を辞めてしまったという話を聞きました。「叱られる」という意味を理解しましょう。人は叱るとき，相手が成長する見込みがあるから叱るのです。相手に期待しない，関心なしの場合は叱りません。そこを勘違いしないようにしましょう。「叱られる」ことを感謝して受けましょう。叱られて不機嫌な表情になり，返事もろくにできないようでは一人前の職業人ではありません。「ご指摘，ご指導ありがとうございました」と上司に応えられれば，上司も叱った甲斐があるものです。そしてあなたの成長を大いに期待し，人物評価も高くなるでしょう。

周りにいる同僚，先輩も「なかなか腰の据わった将来有望な人間だ」と評価するでしょう。

6　職業人としての自覚

職業人として企業に勤務するということは，その会社に所属する社員（企業人）ということです。個人であっても組織の中の一員ということを忘れないようにしましょう。男性であれば背広に社章のバッジをつけると，他人から〇〇会社の人だとわかります。社内外に関わらず社員の行動は勤務する会社を代表する行為ととられます。

社員の歓送迎会，新年会，忘年会等で無作法に騒ぐのは他の人の迷惑になり，「〇〇会社の社員は某宴会場でひどく騒がしかった」とうわさにもなりかねません。一歩会社を出れば他人の目が光っています。

一社員の不祥事は会社の業績を揺るがす大きな事件に発展することもあります。常に自分は〇〇会社を代表する社員だということを自覚しましょう。個人に戻れるのは自宅に帰ったときだけです。

2　職業人の心構え（2）

1　公私のけじめの大切さ
　会社では個人専用の机，椅子，文房具，パソコン，その他諸々のものが支給されます。それらは仕事をする上で必要なものとして貸与されるのであって，個人の私有物ではありません。文房具等を自宅へ持ち帰り，使用することは違反行為です。私的な手紙に社名入りの便箋，封筒を使用するのも厳密には違反です。自宅で仕事をするためにパソコンを持ち帰り，電車の網棚に忘れ，情報が漏洩した事件が最近は起こっています。
　公のものは公として扱い，私有物は机の中には入れません。ロッカーに入れます。公私のけじめをつけ，公私の別をわきまえることが大事です。

2　気持ちの切り替えを上手に（ONとOFF）
　職業人として会社では仕事に専念し，自分の能力を十分発揮し，充実した職業生活を送る一方，いったん仕事を離れると自分の趣味や楽しみに時間を充てることが人生を楽しむ秘訣です。
　会社で上司に叱られたことをいつまでも引きずらず，気持ちを切り替え，余暇を自分の好きなことに注力します。ONとOFFの切り替えを上手にしましょう。
　仕事のみに自分の人生を費やし，定年を迎えたとき，仕事以外何も残らなかったという人生は寂しいものです。人生は仕事だけではありません。仕事は人生の一部です。1週間の7分の2はOFFタイムです。OFFの時間はあなたの価値観を見据えたことに使いましょう。誰からも邪魔されることはありません。
　仕事時間と自分時間の切り替えが上手な人が，人生を謳歌できます。

3　人間関係
　この世の中でたった一人で生活ができるのであれば人間関係のゴタゴタは起こりません。たった一人で生きていけるのは孤島に一人住む人か山の中で一人で住む仙人だけでしょう。仙人ですら，たまに山里に下りてきて俗世界の人と

交流します。私たちは常に自分以外の人びとと接触し，話し，生活し，学問し，または働かなければ生きていけません。多種多様な人間と接することから避けられません。考え方，好み，感じ方，価値観，育った環境，すべてが異なります。自分が正しいと思っている基準と他人が正しいと思っている基準が異なり，自分が最も大切にしている価値も他人から見れば大したことでないかもわかりません。そのような人たちとぶつからず，フラストレーションを起こさず人間関係を結ぶことが簡単でないことはごく当たり前のことと思われます。簡単でないからこそ，それを乗り越えることが人生においてやりがいがあり，充実感・満足感を味わえる鍵なのではないでしょうか。

　現代のような複雑な社会で人間関係がうまくいかない場合，あなたはどうすればよいでしょうか。相手に対して嫌いだと思う感情が高まれば高まるほど相手は感知し，相手からも同じような感情が生じます。悪い相乗効果が生まれます。逆に相手に嫌いだという感情を持たなければトゲトゲしい言葉遣いや態度も起こりません。たとえ価値観が異なる，感情的に合わない人でも普通に平常心で対峙します。気分を害することを言われても相手にしなければ，相手も諦めるでしょう。学生時代のアルバイト先での人間関係と実社会で本格的に働く職場での人間関係とは実情は大いに異なり，その摩擦は生半可なものではありません。人間関係のトラブルが原因で仕事を辞めた人のことをよく耳にします。相手の精神的な攻撃に耐えられず心療内科に通う人もいます。学生時代から豊かな，少なくともいがみあいのない人間関係を作るコツを身につけておきましょう。人間関係を豊かにする書籍は多く出版されています。自分にあったやり方を見つけ，人間関係のトラブルで自分の人生を無駄にすることのないように生きていきましょう。

半歩下がりの人間関係

　「椅子に掛ける」ときや「立ち上がる」際に片足を半歩下げて（引いて）動作を行うと両足を揃えて行う場合に比べ，軽く自然に体が動きます。人間の体の機能に沿った動作であると考えられます。

　人間関係においても同じではないでしょうか。人と接するとき，半歩自分が

下がって謙虚な気持ちで付き合うと，譲り合いの精神が生まれ，言葉遣いや振舞いに相手を思いやる気持ちが表れ，人間関係は円滑になります。この半歩下がることが人間関係を形成し，発展させていく上で必要な要素といえます。相手も半歩下がりの態度であれば互いに一歩下がった人間関係ができ，感情的なトラブルは発生せず，好ましい人間関係が築けるでしょう。半歩下がりの人生を心掛けたいものです。

　自分は誰からも厚意や恩恵を受けることなく生きていけるという尊大な気持ちで毎日を過ごしていると，その気持ちは必ず表情に出ます。食事をするときに，口に入るすべての食材から「大切な命」をいただくのだという謙虚な気持ちで「いただきます」と言って食すのと，お金を支払って食べるのだからどのように食べてもいいと思うのとでは，その表情は変わってくると思います。食事は1日3回，1年365日，人生80年，何回人間は食事をするでしょうか。8万7600回感謝の気持ちで食す人とそうでない人の心は大きく異なり，その人の人生に影響を与えるでしょう。一事が万事といいます。食事のみならず全てのことに関わる心の姿だからです。食事のときの謙虚な気持ちから他者に対する温かな気持ちを膨らませていきましょう。

　人間関係で大事なことは，たとえ「顔を見るのもいや」「声を聞くのもいや」というほどの相手でも，完全に人間関係を断ち切らないことです。人生は永いのです。将来いつその人にお世話になるかもわかりません。人間関係は些細な感情の行き違いや理解不足で崩れることもあります。修復する可能性を残しておきましょう。

4　情報の守秘義務

　最近は個人情報や企業情報の漏洩が問題になっています。企業で働くことにより知り得た情報は許可なく情報開示はできません。通勤電車の中で，就業時間後の飲食店やスナック等で社員同士が，社内のことや会社の㊙情報をうっかり話さないように十分注意しなければなりません。不特定多数の人が聞いています。職業人という認識を持ち，社内のことを社外で不用意に話すものではありません。上司から「これはマル秘だから」と言われなくても自分で判断し，

外部へ洩らさないように日々注意することです。口は災いの元です。

退社するときは業務に使った書類はキャビネットにファイルするか，机の引き出しにしまい，机上には書類が残っていないようにします。

パソコンの電源を切ることは勿論，企業によっては他人がパソコンを操作できないシステムを導入している場合もあります。退社するときのパソコン操作を怠らないようにします。職場で仕事以外の私的なメールやファックスの送受信を禁止している企業もあります。

5 時間感覚を身につける

学生時代は授業時間に少々遅刻しても教員はさほど叱ることはなかったかもしれません。しかし給料を貰っている職業人は時間感覚を厳しく身につける必要があります。

始業時間に十分間に合うには何時に自宅を出ればよいのかをまず考えます。自宅を○○時に出るには何時に起床すればよいか，○○時に起床するには何時に就寝すればよいかを決めます。このように毎日の勤務には規則正しい生活が必要です。学生時代の自由気ままな就寝時間，起床時間から脱却することが大切です。

会議開始時間に5分遅れると，単に5分だけ議場にいなかったということではなく，5分に集約された会議内容に対して，自分の理解が欠落し，同時に関係者に迷惑をかけることになります。

会議室まで自席からどのくらいかかり，いつ席を発てば会議に間に合うのかの計算をしましょう。座席指定でない会議室では新入社員は末席または末席に近い席に座るようにします。開始時間ギリギリに入ると末席が空いておらず分不相応な場所に座ることになり，落着かない気持ちで会議に出ることになります。会議には早目に着席するようにします。

6 継続は力なり

最近の若者は思い切りがよいのか，諦めるのが早いのか，入社してまもなく会社を辞める人が増える傾向が見られます。与えられた仕事が自分には向いていないと判断し，2～3ヵ月で仕事を辞めるのは早計な決断に思えます。様々

なことを体験し，創意工夫をした上で，「自分に合った仕事か否か」を判断することが望ましいでしょう。他にやりたい仕事があるのであれば，短期間で仕事を辞めても支障はないでしょう。しかしいったん仕事に就けば1年は努力する，次の1年は別の方法で満足度が増えないか，また次の1年でさらに努力してみるというように最低3年間同じ企業に勤めなければ，業績にはなりません。すぐに諦めないことです。継続は力なりという諺があります。たとえ自分に向いていないと思われる仕事も継続して努力すれば，他人より優れた力が生まれてきます。簡単に諦めないことです。

7　心身の健康管理

　健康でこそ充実した仕事ができるというものです。身体の一部が不調であると，仕事への集中力を欠く，忍耐力が衰える，頑張りがきかない，平常心が保てないなど，仕事に影響が生じます。

　仕事の進み具合と健康は比例するものです。自己の健康管理ができることは仕事の管理にもつながります。常に健康管理を怠らず，積極的に健康維持に努めましょう。過度の飲酒，寝不足，運動不足，偏食，喫煙は不健康の元です。自分の健康は自分で守る，これが鉄則です。病気になるのは自己責任であるとの自覚が必要です。

　また心の健康を保つことも重要なことです。特に新入社員は仕事に関わるすべてのことが初体験であることが多く，人の名前や業務の手順などを覚えることも多々あり，精神的疲労を感じます。学生時代と異なり，緊張の連続で，業務の責任も伴い精神的な疲労が蓄積されがちです。このような新しい環境に適応できず精神の不安定状態が表れやすいのが5月の連休明けごろで，いわゆる「五月病」と呼ばれます。

　無気力，不安感等の自覚症状があれば，気分転換をしてストレスを解消しましょう。また症状がひどければ医師の診断を受けましょう。

　大切なことは，組織の一員であるということを忘れないことです。一人でも十分な働きができなければ職場の歯車のリズムが乱れ，同僚に迷惑をかけることになります。

資　料

点線上に日付を書いて就活のスケジュール管理をしていきましょう

就活月間予定表

_____ 月

月	火	水
------	------	------
------	------	------
------	------	------
------	------	------
------	------	------
------	------	------

木	金	土	日
------	------	------	------
------	------	------	------
------	------	------	------
------	------	------	------
------	------	------	------

MEMO

就活月間予定表

_____月

月	火	水
------	------	------
------	------	------
------	------	------
------	------	------
------	------	------
------	------	------

木	金	土	日
------	------	------	------
------	------	------	------
------	------	------	------
------	------	------	------
------	------	------	------

MEMO

就活月間予定表

_____月_____

月	火	水
------	------	------
------	------	------
------	------	------
------	------	------
------	------	------
------	------	------

木	金	土	日
------	------	------	------
------	------	------	------
------	------	------	------
------	------	------	------
------	------	------	------

MEMO

就活月間予定表

　　　　　　　　　　　月

月	火	水
------	------	------
------	------	------
------	------	------
------	------	------
------	------	------
------	------	------

木	金	土	日

MEMO

就活月間予定表

　　　　　　　　　＿＿＿月

月	火	水

木	金	土	日
------	------	------	------
------	------	------	------
------	------	------	------
------	------	------	------
------	------	------	------

MEMO

就活月間予定表

_____月

月	火	水
------	------	------
------	------	------
------	------	------
------	------	------
------	------	------
------	------	------

木	金	土	日
------	------	------	------
------	------	------	------
------	------	------	------
------	------	------	------
------	------	------	------

MEMO

就職活動メモ	
	月　　日記入

企業名	
連絡先	
採用担当者	
エントリー　　月　　日　　　／　応募締切　　月　　日	
履歴書　　　　月　　日　　　／　応募締切　　月　　日	
ガイダンス・セミナー・会社説明会の参加記録（　日時・会場　） ・ ・ ・	
試験・面接日（　日時・会場　） ・ ・ ・	
提出書類　：　履歴書　　エントリーシート　　成績証明書　　卒業見込書　　健康診断書　　推薦書	
その他	
自分が感じた企業の印象は	
この企業を選んだ理由は何か	
企業が求める人材は何か	
入社後どんな仕事がしたいのか	
企業で役立つ技術・資格は何か	
企業に対しての自己PRのポイント	
自己評価	
結果　　　　　　　採用　・　不採用　　（　　　月　　　日　）	

就職活動メモ						
					月　　日記入	

企業名	
連絡先	
採用担当者	

エントリー	月　　日	／ 応募締切	月　　日
履歴書	月　　日	／ 応募締切	月　　日

ガイダンス・セミナー・会社説明会の参加記録 （ 日時・会場 ）

・
・
・

試験・面接日 （ 日時・会場 ）

・
・
・

提出書類 ： 履歴書　エントリーシート　成績証明書　卒業見込書　健康診断書　推薦書

その他

自分が感じた企業の印象は

この企業を選んだ理由は何か

企業が求める人材は何か

入社後どんな仕事がしたいのか

企業で役立つ技術・資格は何か

企業に対しての自己PRのポイント

自己評価

結果　　　　　　　採用　・　不採用　（　　　月　　　日　）

就職活動メモ

月　　　日記入

企業名	
連絡先	
採用担当者	
エントリー　　月　　　日	／　応募締切　　月　　　日
履歴書　　　　月　　　日	／　応募締切　　月　　　日

ガイダンス・セミナー・会社説明会の参加記録　（　日時・会場　）

・
・
・

試験・面接日　（　日時・会場　）

・
・
・

提出書類　：　履歴書　　エントリーシート　　成績証明書　　卒業見込書　　健康診断書　　推薦書

その他

自分が感じた企業の印象は

この企業を選んだ理由は何か

企業が求める人材は何か

入社後どんな仕事がしたいのか

企業で役立つ技術・資格は何か

企業に対しての自己PRのポイント

自己評価

結果
　　　　　　　　採用　・　不採用　　（　　　月　　　日　）

（就職活動メモ）

　　　　　　　　　　　　　　　　　　　　　　　　　　　月　　日記入

企業名	

連絡先	

採用担当者	

エントリー　　月　　日　　／　応募締切　　月　　日

履歴書　　　　月　　日　　／　応募締切　　月　　日

ガイダンス・セミナー・会社説明会の参加記録（　日時・会場　）

・
・
・

試験・面接日（　日時・会場　）

・
・
・

提出書類：履歴書　エントリーシート　成績証明書　卒業見込書　健康診断書　推薦書

その他

自分が感じた企業の印象は

この企業を選んだ理由は何か

企業が求める人材は何か

入社後どんな仕事がしたいのか

企業で役立つ技術・資格は何か

企業に対しての自己PRのポイント

自己評価

結果
　　　　　　　　採用　・　不採用　　（　　月　　日　）

【受験報告書】

提出日	平成　年　月　日
所属学科	学科

ふりがな		職　種	
内定先名称			

本社所在地	(〒　　－　　　)	TEL	(　)
		URL	
勤務地住所	(〒　　－　　　)	TEL	(　)
		FAX	(　)

業　種	(　) 一般企業 〔　　　業〕　(　) 医療・福祉関係 (　) 教職　(　) 官公庁　(　) その他 〔　　　〕
応募状況	受験者数　男　名・女　名　採用予定数　男　名・女　名
応募方法	(　) 大学紹介　(　) 縁故　(　) 自己開拓 (　) 公務員試験　(　) その他 〔　　　〕
試験結果	通知（有 － 月　日・無）　電話連絡（有 － 月　日・無） 1．合格＝内定　　2．合格⇒辞退　　3．不合格

会社説明会	日時	月　日　時　分	《内容・気付いた点・役立った点》
	場所		
	1．出席　2．欠席　3．なし		

会社訪問	日時	月　日　時　分	《内容・気付いた点・役立った点》
	場所		
	1．出席　2．欠席　3．なし		

選考方法	日時	月　日　時　分	場所	
A 書類選考	1．有　2．無		受験者数	名

B 筆記試験	語学	制限時間　分	内容	
	専門	制限時間　分	内容	
	常識	制限時間　分	内容	(　) 記述式・(　) ○×式・(　) その他
	論作文	制限時間　分	テーマ (　) 有・(　) 無	
		字数　　字		

C 面接試験	時期	（　）会社説明会時　　（　）会社訪問時　　（　）1次試験時 （　）2次試験時　　（　）その他〔　　　　　　　　　　　〕	
	形態	（　）グループ面接　　（　）個人面接　（　）その他〔　　　　〕	
		受験者数　　　名　　　面接官　　　名　　　時　間　　　分	
	質問事項		
D 適性検査	（　）知的能力検査　　　　　　（　）クレペリン検査 （　）事務能力検査　　　　　　（　）職業適性検査 （　）リクルート・テスト　　　（　）その他〔　　　　　　　〕		
E 健康診断	（　）内科検診　（　）X線検査　（　）視力検査　（　）尿検査 （　）血液検査　（　）その他〔　　　　　〕		
F その他			

《　就職活動に関する感想及び後輩に対する助言　》

【受 験 報 告 書】

提出日	平成　　年　　月　　日
所属学科	学科

ふりがな		職　種	
内定先名称			
本社所在地	（〒　　　－　　　　）	TEL	（　　）
		URL	
勤務地住所	（〒　　　－　　　　）	TEL	（　　）
		FAX	（　　）
業　　種	（　）一般企業〔　　　業〕　（　）医療・福祉関係 （　）教職　（　）官公庁　（　）その他〔　　　〕			
応募状況	受験者数	男　名・女　名	採用予定数	男　名・女　名
応募方法	（　）大学紹介　（　）縁故　（　）自己開拓 （　）公務員試験　（　）その他〔　　　〕			
試験結果	通知（有 － 月　日・無）　電話連絡（有 － 月　日・無） 1．合格＝内定　　2．合格⇒辞退　　3．不合格			

	日時	月　日　時　分	《内容・気付いた点・役立った点》
会社説明会	場所		
	1．出席　2．欠席　3．なし	

	日時	月　日　時　分	《内容・気付いた点・役立った点》
会社訪問	場所		
	1．出席　2．欠席　3．なし	

選考方法	日時	月　日　時　分	場所	
A書類選考	1．有　2．無		受験者数	名

B筆記試験	語学	制限時間　　分	内容	
	専門	制限時間　　分	内容	
	常識	制限時間　　分	内容	（　）記述式・（　）○×式・（　）その他
	論作文	制限時間　　分	テーマ（　）有・（　）無	
		字数　　　字		

C 面接試験	時期	（　）会社説明会時　（　）会社訪問時　（　）1次試験時 （　）2次試験時　（　）その他〔　　　　　　　　　　〕
	形態	（　）グループ面接　（　）個人面接（　）その他〔　　　〕
		受験者数　　　名　　　面接官　　　名　　　時　間　　　分
	質問事項	
D 適性検査		（　）知的能力検査　　　　（　）クレペリン検査 （　）事務能力検査　　　　（　）職業適性検査 （　）リクルート・テスト　（　）その他〔　　　　　　　〕
E 健康診断		（　）内科検診（　）X線検査（　）視力検査（　）尿検査 （　）血液検査（　）その他〔　　　　　〕
F その他		

《　就職活動に関する感想及び後輩に対する助言　》

メモ　　　　　　　　　　　　　　　　　　　　月　日

メモ　　　　　　　　　　　　　　　　　　　　　月　日

メモ　　　　　　　　　　　　　　　　　　　月　日

メモ　　　　　　　　　　　　　　　　　　　　　　月　日

メモ　　　　　　　　　　　　　　　　　　　　　　　月　日

メモ 月 日

平成　年度　就職(進学)登録カード　㊙

ゼミ担当　　　　　先生　　　　　　　　　　　　　　　（平成　年　月　日現在）

学科	学生番号	氏名	生年月日	性別	写真サイズ
学科		ふりがな	平成　年　月　日	男・女	(4.5×3.5cm)
コース			(満　　歳)		

現住所（自宅・下宿・その他　いずれかに〇印を）
（〒　　－　　）　　Tel（　）　－　　（　　方）
　　　　　　　　　　携帯（　）　－
　　　　　　　　　　E-mail

この枠内に写真を貼ること。

帰省先（自宅外通学者）または休暇中の連絡先
（〒　　－　　）　　Tel（　）　－

通学の方法

区間	交通機関	所要時間
自宅　から　　　　　まで	バス・自転車・徒歩・他（　）	時間　　分
から　　　　　まで		
から　　　　　まで		
から　　　　　まで		

家族構成

同居家族(本人含まず)　　人

学歴：　　立　　　　中学校　　年3月卒業
　　　　　立　　　　高等学校　科　年3月卒業

就職希望：
1. 就職希望する
2. 就職希望しない
（　）大学編入　（　）大学院　（　）専門学校
（　）アルバイト　（　）家事　（　）その他（　　　　）

就職希望状況

希望業種（第3希望まで順位記入）
- （　）製造業
- （　）農業・林業
- （　）漁業
- （　）鉱業
- （　）建設業
- （　）電気・ガス・水道業
- （　）運輸・旅行・通信業
- （　）卸・小売・飲食店
- （　）金融・保険業
- （　）不動産業
- （　）サービス業
- （　）諸団体
- （　）公務員
- （　）幼稚園
- （　）保育所
- （　）施設
- （　）中学校
- （　）教育関係
- （　）その他（　　）

希望職種
- （　）事務
- （　）販売
- （　）営業
- （　）専門・技術
- （　）保育士
- （　）教員
- （　）指導員
- （　）その他（　）

希望地（具体的に）

希望する会社名　①　　　　　②　　　　　③

その他

保護者同意

卒業後の進路に関しては、本状記載の本人の希望に同意します。

学生部長殿

保護者氏名　　　　　　　　　　㊞

※この個人情報は、進路指導のために利用いたします

就職内定・進学決定届

太線枠内を記入。※印の欄は該当項目を○で囲む。〔 〕内は必要事項を記入。

提出日	平成　年　月　日		
学科　年　組　番	ふりがな 氏名		出身高校
現住所	（〒　－　）	TEL	－　－
帰省地	（〒　－　）	TEL	－　－

ふりがな 内定先名称		内定日	
本社所在地	（〒　－　）	TEL	－　－
勤務地住所	（〒　－　）	TEL	－　－
業　種	※　農・林・漁・鉱業　　建設業　　製造業　　電気・ガス等　　情報通信業 　　　運輸業　　卸・小売業　　金融・保険業　　不動産業　　飲食・宿泊業 　　　医療・福祉業　　学校教育・学習支援業　　サービス業　　公務員　　その他		
職　種	※　教員　　事務　　販売　　営業　　サービス　　運輸　　その他〔　　　〕		
雇用形態	※　正規採用　　契約　　臨時　　非常勤等〔名称　　　　その他〔　　　〕		
応募方法	※　大学紹介　　縁故　　自己開拓　　公務員試験　　その他〔　　　〕		

進学先名称		所在地		決定日	

備考欄	

職種別

	大分類	産業の例
A	農業，林業	米作農業，野菜作農業，果樹作農業，酪農業，養豚業，養鶏業，園芸サービス業，育林業，育林サービス業など
B	漁業	底びき網漁業，魚類養殖業，真珠養殖業など
C	鉱業，採石業，砂利採取業	金・銀鉱業，原油鉱業，天然ガス鉱業，大理石採石業砂・砂利・玉石採取業など
D	建設業	一般土木建築工事業，造園工事業，木造建築工事業，とび工事業，塗装工事業，ガラス工事業，屋根工事業，一般電気工事業，冷暖房設備工事業，昇降設備工事業など
E	製造業	乳製品製造業，水産缶詰・瓶詰製造業，しょう油・食用アミノ酸製造業，パン製造業，清涼飲料製造業，ビール類製造業，たばこ製造業，製糸業，化学繊維製造業，一般製材業，木製家具製造業，パルプ製造業，プラスチック製造業，医薬品原薬製造業，石油精製業，板ガラス製造業，半導体メモリメディア製造業，電子回路基板製造業，パーソナルコンピュータ製造業，自動車製造業，鉄道車両製造業，航空機製造業など
F	電気・ガス・熱供給・水道業	発電所，変電所，ガス製造工場，上水道業など
G	情報通信業	地域電気通信業，有線放送電話業，移動電気通信業，公共放送業，ゲームソフトウェア業，ポータルサイト・サーバ運営業，テレビジョン番組制作業，新聞業，出版業など
H	運輸業，郵便業	普通鉄道業，地下鉄道業，一般乗用旅客自動車運送業，一般貨物自動車運送業，外航旅客海運業，航空運送業，倉庫業，郵便業など
I	卸売業，小売業	各種商品卸売業，繊維原料卸売業，婦人・子供服卸売業，寝具類卸売業，酒類卸売業，菓子・パン類卸売業，石油卸売業，農業用機械器具卸売業，自動車卸売業，百貨店，総合スーパー，コンビニエンスストア，自動車（新車）小売業，ガソリンスタンド，ホームセンターなど
J	金融業，保険業	中央銀行，普通銀行，郵便貯金銀行，信託銀行，信用金庫・同連合会，労働金庫・同連合会，農林中央金庫，農業協同組合，消費者向け貸金業，クレジットカード業，政府関係金融機関，国内市場商品先物取引業，手形交換所，生命保険業，郵便保険業，損害保険業，共済事業など
K	不動産業，物品賃貸業	建物売買業，土地売買業，不動産代理業・仲介業，総合リース業，貸衣しょう業など
L	学術研究，専門・技術サービス業	理学研究所，工学研究所，農学研究所，医学・薬学研究所，人文・社会科学研究所，法律事務所，公証人役場，司法書士事務所，公認会計士事務所，社会保険労務士事務所，デザイン業，経営コンサルタント業，広告業，獣医業，建築設計業，写真業など

分類

	大分類	産業の例
M	宿泊業, 飲食サービス業	旅館, ホテル, リゾートクラブ, 食堂, レストラン, 喫茶店, ハンバーガー店など
N	生活関連サービス業, 娯楽業	普通洗濯業, 理容業, 美容業, 一般公衆浴場業, エステティック業, 旅行業, 家事サービス業, 火葬業, 葬儀業, 結婚式場業, 映画館, 競輪場, 競馬場, ゴルフ場, テーマパーク, カラオケボックス業など
O	教育, 学習支援業	幼稚園, 小学校, 中学校, 高等学校, 特別支援学校, 大学, 短期大学, 専修学校, 学校教育支援機関, 図書館, 博物館, 美術館, 動物園, 植物園, 水族館, 学習塾など
P	医療, 福祉	一般病院, 歯科診療所, 保健所, 検疫所, 社会保険事業団体, 福祉事務所, 保育所, 特別養護老人ホームなど
Q	複合サービス事業	郵便局, 簡易郵便局, 農業協同組合, 森林組合など
R	サービス業（他に分類されないもの）	浄化槽清掃業, ごみ処分業, 産業廃棄物収集運搬業, 自動車一般整備業, 表具業, 職業紹介業, 労働者派遣業, 速記・ワープロ入力業, ビルメンテナンス業, 警備業, 実業団体, 学術団体, 政治団体, 教団事務所など
S	公務（他に分類されるものを除く）	立法機関, 司法機関, 行政機関, 都道府県機関, 市町村機関など
T	分類不能の産業	

総務省日本標準産業分類（平成19年11月改定）

資格の

履歴書などの資格の欄に正式名称を記入する場合，必ず手元の合格証書または合格通知書を確認してください。
資格の認定機関または主催者（問合先）の名称も明記してください。

記入例： 平成○○年○○月　　○○○○○○主催　○○○○○○検定　○級　取得（取得見込み）

分類	資格の名称	級　数	認定機関または問合先の名称
OA・事務・語学	日本漢字能力検定	1級～10級	財団法人日本漢字能力検定協会
	日本語検定	1級～6級	日本語検定委員会
	日本語文章能力検定	1級～7級	日本語文章能力検定協会
	毛筆書写検定・硬筆書写検定	1級～4級	財団法人日本書写技能検定協会
	日商 簿記検定	1級～4級	日本商工会議所・各地商工会議所
	販売士	1級～3級	
	日商DCプランナー（企業年金総合プランナー）検定	1級～2級	
	日商計算力・思考力検定	1級～10級	
	日商そろばん（珠算）検定	1級～6級	
	日商EC実践能力検定	ECマスター～3級	
	日商電子会計実務検定	上級～初級	
	日商PC（文書作成）（データ活用）検定	1級～基礎級	
	日商ビジネス英語検定	1級～3級	
	日商ビジネスキーボード検定		
	日商キータッチ2000テスト		
	日商電子メール活用能力検定		
	秘書検定	1級～3級	社団法人実務技能検定協会
	文書検定	1級～3級	
	英語検定	1級～5級	財団法人日本英語検定協会
	観光英語検定		全国語学ビジネス観光教育協会内　観光英検センター
	TOEIC		財団法人国際ビジネスコミュニケーション協会　TOEIC運営委員会東京業務センター
	TOEFL		国際教育交換協議会日本代表部　TOEFL事業部
	秘書士		全国大学実務教育協会
コンピュータ	情報処理士		全国大学実務教育協会
	ビジネス実務士		
	プレゼンテーション実務士		
	ウェブデザイン士		
	初級システムアドミニストレータ試験		独立行政法人情報処理推進機構情報処理技術者センター
	ITパスポート試験		
	基本情報技術者試験		
	CGクリエーター検定	1級～3級	財団法人画像情報教育振興会CG-ARTS協会
	Webデザイナー検定	1級～3級	
	CGエンジニア検定	1級～3級	
	画像処理エンジニア検定	1級～3級	
	マルチメディア検定	1級～3級	
	日本語ワープロ検定	初段～4級	日本情報処理検定協会
	情報処理技能検定	初段～4級	
	文書デザイン検定	1級～4級	
	ホームページ作成検定	1級～4級	
	パソコンスピード認定	日本語・英文	
	プレゼンテーション作成検定	1級～4級	
営業・金融・法務・財政・経営・	中小企業診断士		社団法人中小企業診断協会
	社会保険労務士		全国社会保険労務士連合会　社会保険労務士試験センター
	宅地建物取引主任者		財団法人不動産適正取引推進機構
	証券アナリスト		社団法人日本証券アナリスト協会
	ファイナンシャルプランナー		NPO法人日本ファイナンシャル・プランナーズ協会
	司法書士		法務局・地方法務局　総務課

名称一覧

分類	資格の名称	級　数	認定機関または問合先の名称
営業・金融・財政・経営・法務	司法書士行政書士		財団法人行政書士試験研究センター
	税理士		国税審議会税理士分科会
	公認会計士		公認会計士・監査審査会事務局総務試験室
	弁理士		特許庁総務部秘書課弁理士室試験第1班
教育	保育士		社団法人全国保育士養成協議会
	幼稚園教諭一種免許状		各都道府県教育委員会
	小学校教諭一種免許状		
	中学校教諭一種免許状（教科）		
	高等学校教諭一種免許状（教科）		
	学校図書館司書教諭		
	図書館司書		各大学・短期大学
	博物館学芸員		各大学
	社会教育主事		各都道府県教育委員会
福祉・医療・健康	医療管理秘書士		財団法人日本病院管理教育協会
	医学管理士		
	衛生管理者		財団法人安全衛生技術試験協会
	介護福祉士		財団法人社会福祉振興・試験センター
	介護支援専門員（ケアマネージャー）		各都道府県介護保険主務課
	臨床心理士		財団法人日本臨床心理士資格認定協会
	社会福祉士		財団法人社会福祉振興・試験センター
産業特化・生活・特殊技能関連	建設業経理事務士検定		財団法人建設業振興基金建設業経理検定試験センター
	産業カウンセラー		社団法人日本産業カウンセラー協会
	総合・国内旅行業務取扱管理者		社団法人日本旅行業協会・社団法人全国旅行業協会
	消費生活アドバイザー		財団法人日本産業協会
	通訳案内士（通訳案内ガイド）		国際観光振興機構国内サービス部
	通関士		各地区税関の通関業監督官
	インテリアコーディネーター		社団法人インテリア産業協会受験係
	カラーコーディネーター検定	1級～3級	東京商工会議所
	ファッションコーディネート色彩能力検定		社団法人全国服飾教育者連合会（A.F.T）東京事務所
	気象予報士		財団法人気象業務支援センター試験部
	IATA/FIATAディプロマ（国際航空貨物取扱士）		社団法人航空貨物運送協会
	アマチュア無線従事者	第1級～第4級	財団法人日本無線協会
環境関連	公害防止管理者		社団法人産業環境管理協会　公害防止管理者等試験センター
	危険物取扱者免状	甲・乙・丙級　第1級～第4級	財団法人消防試験研究センター
	ボイラー技士	1級～2級	財団法人安全衛生技術試験協会
	環境計量士		関東経済産業局産業部　消費経済課
	森林インストラクター		社団法人全国森林レクリエーション協会　森林インストラクター係
工業関連	建築士		財団法人建築技術教育普及センター本部
	電気通信主任技術者		財団法人日本データ通信協会　電気通信国家試験センター
	工事担任者		
運転免許	大型自動車第一種		各都道府県警察本部
	中型自動車第一種		
	普通自動車第一種		
	大型自動二輪第一種		
	普通自動二輪第一種		
	原動機付自転車第一種		

参考文献

経済産業省『社会人基礎力レベル評価基準表』
総務省『日本標準産業分類』2007年
A. H. マズロー『人間性の心理学』産能大学出版部　1990年
A. H. マズロー『完全なる経営』日本経済新聞社　2001年
河田美惠子『ビジネス文書と日本語表現』学文社　2006年
中川越『困ったときの手紙の書き方』池田書店　1995年
野坂礼子『人生を変える「ありがとう」』PHP研究所　2005年
野坂礼子『世界一簡単に幸せになれる「ありがとう」の魔法』
　　　　マキノ出版　2006年

著者紹介

河田美惠子(かわだみえこ)
会社社長秘書，秘書課長を経て1988年から秘書教育，
ビジネス実務教育に従事。NHK礼法講座，企業，大学
において教育，講演，執筆等，多方面で活躍
社団法人日本秘書協会1987年度ベストセクレタリー
社団法人日本秘書協会常任理事，小笠原流礼法総師範
社団法人日本能率協会講師
現在國學院大學栃木短期大学教授
実践ビジネス実務，ビジネス文書と日本語表現（学文社）
会社の冠婚葬祭のすべてがわかる本（経林書房）
秘書の接遇力，秘書の歳時記など著書多数
（Ⅰ②，Ⅱ）

森田育代(もりたいくよ)
神戸女学院大学文学部英文学科卒業
外資系企業の副社長秘書，日本企業の社長秘書，秘書
室長として勤務
元滋賀短期大学教授
秘書教育，ビジネス実務教育，ビジネスマナーおよび
就職活動指導に従事
社団法人日本秘書協会1984年度ベストセクレタリー
社団法人日本秘書協会CBS（国際秘書）
社団法人日本秘書協会理事（関西担当）
（Ⅰ①，③，④，Ⅲ，Ⅳ）

楽しく挑戦 就職活動
受講から就職面接の受け方，内定，職業人の心得まで

| 2009年7月10日 | 第一版第一刷発行 | ◎検印省略 |
| 2014年8月10日 | 第一版第四刷発行 | |

	著 者	河田 美惠子
		森田 育代
	イラスト	上田 三根子

発行所	株式会社 学文社	郵便番号	153-0064
			東京都目黒区下目黒3-6-1
		電話	03(3715)1501㈹
発行者	田中 千津子	口座振替	00130-9-98842

© M. KAWADA, I. MORITA 2009
乱丁・落丁の場合は本社でお取り替えします。　印刷所 ㈱シナノ
定価は売上カード，カバーに表示。

ISBN 978-4-7620-1976-0